À bas les élèves !

Philippe Milner

À bas les élèves !

Albin Michel

© Éditions Albin Michel S.A., 1999
22, rue Huyghens, 75014 Paris

ISBN 2-226-10970-6

Prologue

Qu'il ne vienne à l'idée de personne de me demander si j'ai passé une bonne journée ! J'ai pas passé une bonne journée ! Une journée dégueulasse ! À rayer du calendrier !

Un quart d'heure avant le cours, je me suis rejoué la scène obsédante à laquelle je vais forcément assister, une fois poussée la porte de la salle de classe, pour la bonne raison que ça fait des années que la même pièce se joue à guichets fermés, avec le même scénario, la même mise en scène, les mêmes dialogues, et moi dans le rôle principal. Seul change le casting des rôles secondaires.

Ce con de Delmas va vouloir s'asseoir à la seule place où il peut à la fois s'adosser au mur, se planquer derrière le pilier de soutènement et avoir un point de vue sur l'extérieur par la fenêtre. Il va pour cela se chamailler avec Serfati, qui entend terminer ce matin le tag commencé hier en fin d'après-midi sur la table du litige. Insensible au droit des artistes à disposer de leur œuvre, Delmas va balancer la trousse de l'autre dont le contenu, obéissant à la force centrifuge d'abord, à la gravitation universelle ensuite, terminera sa parabole respectivement dans un œil pour le compas, sur une veste pour le Tipp-Ex. Je devrai intervenir pour que l'incident ne tourne pas au pogrom en veillant à la bonne évacuation de Serfati. Les revendications territoriales de Delmas satisfaites, restera à prévoir des dédommagements pour une gomme portée manquante, propriété inaliénable de Serfati qui, s'il lui reconnaît une valeur marchande négligeable, ne se console pas de la perte de sa gomme-compagnon-de-misère avec qui il a commencé l'année (ça fait trois semaines) et qui représente, on s'en doute, une valeur affective irremplaçable...

La guerre de la gomme terminée, Serfati va continuer sa politique par d'autres moyens : spolié de son bout de gomme suffisamment petit pour envisager d'en acheter une autre mais assez gros tout de même pour contenir tout son honneur, il va bouder comme un chef indien refusant le calumet de la paix, les bras croisés, la mâchoire réclamant vindicte. Insensible à mes propos apaisants, il se retranchera des contingences de ce monde : la sono coupée, il ne m'entend plus, ne me voit plus, ne me parle plus... C'est Biosphère 2 ! Seul un tatouage-Malabar le déridera et le ramènera au monde des vivants en moins de temps qu'il n'en faut pour dire coquille d'œuf ! Ça ne devait pas être si grave, finalement.

Pris dans cette fournaise diplomatique, je n'ai pas vu le moulin à paroles se mettre en marche entre Vanessa et Jessica. Véritables sœurs siamoises reliées

8

par la langue, elles font tellement bloc que je les désigne, par-devers moi, sous l'appellation-catalogue 3615, en permanence *on line*. Je ne me demande plus ce que peuvent se dire ces deux petites souris autour du même bout de parmesan, ces deux caqueteuses infatigables, mais qu'est-ce qui peut leur rester à dire ? Cette logorrhée verbale n'a donc pas épuisé tous les sujets possibles ? Tout n'a donc pas été raconté ? Il y a bien un moment où, je ne sais pas moi, la soif, l'épuisement physique aura raison de cette diarrhée de mots ?

De retour chez elles, je les imagine pendues au téléphone pour deux heures de rab au grand dam du reste du foyer coupé du monde... Que leurs parents payent la note de téléphone et développent un ulcère à l'estomac mais pas moi ! C'est bien eux qui les ont engendrées... Pourquoi faut-il que je trinque pour un moment d'inattention de leur part une quinzaine d'années plus tôt ?

H moins trois minutes. Planté devant la porte de la classe, j'accompagne du regard les derniers élèves qui franchissent l'entrée des artistes dont Delmas justement, le seul de nous deux à ignorer qu'il sait son texte par cœur sans l'avoir appris. La bande-son me prévient que ça va bientôt être à moi d'entrer en scène :

« Allez, casse-toi de là, Serfati, c'est ma place ! »
Vous connaissez la suite...

Si Delmas ou Sarfati sont absents et que les frangines-3615 sont aphones, j'aurai toujours une armée de réserve d'intermittents du spectacle pour me donner la réplique. Le seul cachet qui puisse me faire supporter ce vaudeville est d'aspirine car le salaire gagné dans la journée a été entièrement englouti par la destruction d'un pantalon tout neuf à cinq cents balles, tué par un chewing-gum en embuscade sur ma chaise...

Ce sera une mauvaise journée et demain ne sera pas un autre jour. Sauf si je réagis. J'aurais bien envie de leur balancer de la farine et des œufs, juste pour voir leurs têtes. Mais ça, j'ai pas le droit. En fait, je pense surtout à ma moto garée devant l'école et prise en otage comme bouclier quasi humain. Je peux jouer ma carrière, pas ma moto !

Il faut que je parle à quelqu'un. Je vais parler à mon ordinateur. C'est bon pour ce que j'ai. Et lui, au moins, il m'écoutera sans me piquer quatre cents francs par séance...

À bas les élèves !

1.

Les buts de guerre

Un spectre hante l'école : le spectre de mai 68.

Pas au sens où des gauchistes sont sur le point d'entraîner leurs camarades dans un maelström révolutionnaire mettant à bas la société marchande mais, au sens où les profs issus de 68 sont inhibés par l'angoisse de ressembler au modèle réactionnaire qu'ils déboulonnèrent jadis, tétanisés à l'idée d'interdire la libre parole et la créativité, taraudés par le rôle de flics idéologiques tout juste bons à reproduire les rapports de production.

En face, des élèves qui, loin de vouloir détruire la société, se battent bec et ongles pour s'y faire un nid et s'incrustent, en attendant, dans celui de leurs parents. Nulle volonté de leur part de contester l'ordre établi, bien au contraire. Pour les plus ambitieux, il s'agit de « faire de la thune » : HEC brille davantage au firmament de l'université que Normale sup, L'Oréal mieux que l'Institut Pasteur. Pour les plus modestes, un BTS action commerciale suffira.

Signe des temps, *Libération* cohabite aujourd'hui pacifiquement avec *Capital* ou *Culture pub*, les uns

11

et les autres ayant fait la moitié du chemin qui les séparait pour se retrouver dans le marais du consensus mou. *Libération* a été aspiré vers le haut par un mitterrandisme parfaitement lové dans la Ve et les affaires ; *Capital* et *Culture pub* (dont le seul intitulé aurait suffi à incendier les esprits en 68) ne dédaignent pas d'ironiser avec talent sur un système que, globalement, ils encensent.

Le vieux gauchiste, pas assez brillant pour devenir patron de presse, pas assez malin pour monter une agence de pub, mais trop bolchevique pour s'incruster au Larzac ou s'évaporer à Katmandou, n'avait d'autre choix que de devenir prof. Ce métier est aujourd'hui la niche écologique de survie d'une espèce en voie de sénilisation. Quand l'élève de base dérange le cours du prof quadragénaire, il ne fait que polluer une réserve naturelle.

Ainsi se dévide le calvaire du prof de philo – vieux crocodile gauchiste – contraint d'absorber jusqu'à la lie des lieux communs en espérant vainement y glaner quelques graines révolutionnaires sans oser couper la parole ; ainsi la litanie assénée au prof d'économie – aigle déplumé du marxisme révolutionnaire – qui a dû renoncer depuis longtemps à la question : « D'où vient la plus-value ? » au profit d'une autre : « Comment doivent s'y prendre Pierre, Paul ou Jacques pour rebondir (ils devaient donc tomber ?) sachant qu'au milieu de l'opulence il n'y en aura jamais assez pour Pierre, Paul et Jacques ? » ; ainsi l'ennui résigné du prof d'histoire, ayant laissé au vestiaire ses pavés et ses réflexions sur le sens de l'histoire face à des élèves pour qui celle-ci n'est qu'une éphéméride d'événements répondant à la question : « Qui a fait quoi et quand ? »

Les élèves sont souvent plus réacs que profs et programmes réunis, plus conformistes que des gens de trente ans leurs aînés, mais le spectre de 68 fait son œuvre : ne pas fouler aux pieds la créativité, ne pas faire jouer la hiérarchie même si, dans le cas contraire, ce ne serait franchement pas Mozart qu'on assassine !

La quarantaine bien tassée, le prof soixante-huitard que je suis oscille entre bouffées de gauchisme et respect du statu quo. Si je résiste encore au téléphone portable dans un dernier baroud d'honneur, je me suis surpris à être heureux que la France ait gagné la Coupe du monde. Mes participations aux manifs se font de plus en plus rares à mesure que j'y côtoie de jolis ineptes qui s'imaginent que NTM empêche le Fonds monétaire international de dormir ou que faire la révolution revient à faire caca sur la banquette. Il reste à cette vieille gueuse de République quelques belles formes malgré ses heures de vol et quelques atterrissages de fortune.

La méritocratie est finalement le moins pire des systèmes. Comment imaginer plus salubre coup de pied au cul à l'injustice et à tous les préjugés confondus – de race, de classe, de sexe – qu'une jeune fille devenue officier de marine, qu'un fils de vigneron devenu ministre ou que Rachid Arhab présentant le journal télévisé national ?...

Je vais mettre tout le monde d'accord : « Passe ton bac d'abord ! »

N'étant jamais vraiment sorti de l'école, j'ai bien

dû faire la paix avec elle. De nombreuses années occupées à enseigner dans le public mais aussi dans des cours privés pour classes aisées m'ont fait voir ce petit monde comme un modèle réduit du grand. Cette caisse de résonance qu'est la classe amplifie tous les tons et demi-tons de la gamme sociale, depuis le LEP de Vénissieux jusqu'aux boîtes à bac d'Auteuil-Neuilly-Passy.

J'y ai connu comme élève et comme prof les mêmes rires, les mêmes angoisses, les mêmes lassitudes, les mêmes satisfactions, mais pas pour les mêmes raisons une fois passé de l'autre côté du miroir.

En attendant un monde meilleur, je vous invite à revisiter quelques salles de cours, à sécher près du tableau noir, à redécouvrir à travers quelques personnages ou situations – tous tirés de l'expérience vécue – un peu de vous-même ou de vos camarades perdus de vue depuis si longtemps.

Les plus rancuniers accorderont peut-être à leurs anciens profs des circonstances atténuantes ou, à défaut, le bénéfice du doute.

Les profs ne pourront parcourir ce livre sans reconnaître à chaque page leur vécu quotidien. Ils se moqueront avec moi des caricatures d'élèves mais ils rigoleront moins en lisant ce qui les concerne. Pour les élèves, pareil, mais en sens inverse. Chacun comprendra qu'il ne s'agit ici ni des profs, ni des élèves, ni des parents, mais d'une caricature des uns et des autres.

Ce faisant, j'ai réglé quelques comptes avec les emmerdeurs-pinailleurs, les faux culs odieux et autres chieuses en espérant qu'ils se reconnaîtront ; j'ai adressé quelques clins d'œil de connivence aux astronautes, gros patapoufs et autres rêveurs qui m'ont autant ému qu'épuisé ; quelques coups de griffe aux profs (dont moi-même) qui ne sont pas blancs-bleus ; une pincée de vérités bien senties sur les cours privés des beaux quartiers, sans oublier les parents qui, s'ils sont plus civils, sont rarement plus malins que leurs gosses.

2.

Le théâtre d'opérations

La classe est le champ clos d'affrontements caractériels où, accessoirement, se transmet un savoir.

Les élèves auront depuis belle lurette oublié ce qu'on leur a appris quand restera vivace le souvenir des rancœurs, des fidélités, des amitiés ou des aversions liées à l'école.

Avant les connaissances, qu'il transmet, c'est l'organigramme figé de la société que le prof incarne. Tour à tour papa-maman, monsieur le curé ou le policier, le prof se coltine, parfois plus que leurs propres parents, des élèves qui ne se doutent même pas qu'ils sont en train de passer là les meilleures années de leur vie pour ne voir dans l'école que l'apprentissage obtus d'un système.

De plus, tout cela marche à l'affectif. Les caractères s'y révèlent et y font leurs griffes. Les raisons pour lesquelles la mayonnaise prendra ou ne prendra pas avec une classe restent mystérieuses. Une chose est sûre : si les élèves vous aiment, ils vont vous le rendre en écoutant et peut-être en travaillant. S'ils ne vous aiment pas, ou que vous commettez de graves maladresses, vous aurez trente fauves attachés à votre perte et dont vous ne sortirez pas indemne.

Ni enfer ni paradis, la réalité d'une classe se détermine le plus souvent quelque part à mi-chemin par ce que j'appellerais « le rapport de force mou ». Entre ceux qui appliquent la politique des intérêts bien compris de chacun (ils se mettent en place rapidement, bavardent peu, au cinéma font gentiment la queue, etc.) et ceux qui appliquent le rapport de force dur (ils menacent le prof, crèvent ses pneus, au cinéma ne font pas la queue et insultent ceux qui râlent), se situent les adeptes du rapport de force mou. Ils jouent leur intérêt immédiat. Tant que c'est mou en face, ils avancent mais sont légalistes : à la moindre opposition, ils se rétractent en arguant de ce qu'on peut toujours essayer.

Une classe fonctionne au rapport de force mou pratiquement tout le temps. Sans malveillance aucune de chacun de ses membres, la classe fait pression globalement. Même si chaque élève pris séparément est prêt à ouvrir son cahier, prendre des notes, se soumettre à l'interrogation écrite, la classe dans sa globalité tend à faire reculer le moment où les élèves seront assis, cahier ouvert, tout ouïe. C'est pour cela que le métier est si fatigant ! Il faut constamment faire barrage au bruit, à l'inattention, à l'inertie. Quelques secondes de démission ou d'absence et le barrage commence à craquer.

Tout prof le sait : si on défalque le temps passé à contrôler, fliquer, sanctionner, s'énerver, gérer toutes sortes de frictions pour ne compter que le

À bas les élèves !

savoir qui passe, on a l'impression de faire avancer un Solex avec un moteur de camion.

À moins évidemment que le fond de l'éducation ne réside aussi dans sa forme, auquel cas il n'y a rien à jeter. Tout en classe a son utilité : aussi bien l'aspect technique des connaissances que l'apprentissage de la conformité à un cadre.

Les profs ont horreur qu'on leur rappelle cette fonction flicarde mais elle est indispensable à la bonne marche du reste. Seuls quelques naïfs s'obstinent dans une vision angélique du « tout pédagogique », mais ils s'usent vite, bouffés par les élèves. Le prof naïf est mort mais tous n'ont pas reçu le faire-part...

Au demeurant, ce n'est pas dur que pour les profs. Les élèves aussi sont mis à rude épreuve.

Nous avons ceci de différent des lapins, nous autres petits de la race humaine, de nous infliger d'indicibles tortures liées à l'éducation pendant un bon quart de notre vie. Déjà, un réveil qui sonne le matin pourrait être qualifié d'instrument de torture fasciste si ce n'était vous-même qui, la veille au soir, ne l'aviez remonté.

Vient ensuite le ballet réglé comme du papier à musique : dis bonjour à la dame, mets pas tes doigts dans le nez, mange tout, change de slip, va ranger ta chambre, résous la fonction $y = \log.\cos.\alpha$, ou encore : fais-moi voler un avion de quatre-vingts tonnes à neuf cents kilomètres à l'heure, ce qui est notoirement plus difficile que de dessiner un mouton !

Si nous perpétuons cela, il faut croire que l'école et la société qui vient derrière présentent quelques

18

avantages auxquels nous ne sommes pas prêts à renoncer et qui ne se résument pas à pouvoir se gratter le nez en public, vomir sur la dame, ne pas mettre de slip, etc. Non, je pensais plutôt à pouvoir prendre l'avion sans être obligé de savoir comment ça marche. N'empêche que, pour le jeune pas spécialement apte à l'esclavage au départ, l'école reste un carrousel de dressage avec, au milieu, maniant le fouet, un sadique diplômé.

Voici donc réunies les conditions d'une classe basique : des profs à cran, falaise face à l'océan qui la grignote, des élèves passés à la cocotte-minute des astreintes de lieux et d'horaires... Imaginez maintenant le cours de seize heures à dix-huit heures, le dernier vendredi avant les vacances de février, au moment où tout le monde en a marre, où le mois de janvier a duré six mois, l'hiver six ans, où l'élève n'a pas forcément conscience que le prof doit payer son tiers provisionnel le 15 février, où le prof n'imagine pas à quel point l'achat du dernier CD de Hard Fuck Metal chez Virgin avant que ça ferme passe loin, mais alors loin devant la résolution du trinôme du second degré. C'est précisément à ce moment-là, quand votre montre discrètement consultée indique encore quarante minutes – un siècle ! – de tortures avant la sonnerie, que l'odieux potache lâche au milieu d'une tension à couper au couteau le « caca-prout » qui fera exploser tout le monde. Le mot « meurtre » s'inscrit dans votre regard, vous êtes la nitro, eux la glycérine.

N'importe quel prof est payé – fort mal – pour le savoir.

3.

Les forces en présence

À bas les jeunes

D'un certain point de vue, les adolescents sont des êtres monstrueux.

Trop grands pour être excusables, trop petits pour être pris au sérieux, ils traversent un âge surnuméraire. Prenant conscience de la vie aliénante qui les attend et considérant les adultes comme des moutons avec des godasses, ils nous agacent. Leur façon stupide de faire de la résistance dans un style lourdingue nous renvoie, par jeu de miroir, une image peu flatteuse de ce que nous étions nous-mêmes à leur âge et ils nous agacent doublement.

De plus, passé quatorze ans, ils ont tendance à coûter cher !

La grosse voiture de pompiers rouge en plastique ne suffit plus, ni les vacances de Pâques chez tante Agathe à Saint-Vaast-la-Hougue. Il leur faut du « Play-station », des « Doc Martens », des stages équestres chez le correspondant allemand de Stuttgart (c'est le seul moment où ils vont insister lourdement sur leurs mauvais résultats en langue pour emporter la décision), et je ne parle pas des CD qui, jusqu'à un passé récent, n'étaient pas duplicables, façon habile de vendre du plastique à un prix proche du caviar.

Je rappelle aux idiots béats et accessoirement parents que leurs enfants n'écoutent généralement pas de la musique, mais du rap (la seule mélodie qui s'écrive avec une note).

Les ados en général, les élèves en particulier, sont d'une étonnante malhonnêteté intellectuelle. Ils sont prêts à user de n'importe quel mensonge éhonté, du prétexte le plus fallacieux, des manœuvres les plus veules à condition que le bénéfice soit personnel et immédiat.

Dans le contexte d'une classe, l'exemple en est donné par les trésors d'imagination dont ils font preuve pour expliquer des mauvaises notes, des absences injustifiées, des tricheries évidentes. Plus d'une fois j'ai eu en face de moi quelque élève – grand lézard sous le soleil – me soutenant mordicus les yeux dans les yeux que les six pages d'annales parfaitement pompées à la virgule près avaient été apprises par cœur (quelques dizaines d'heures de travail, grosso modo). À la question de savoir pourquoi, vingt-quatre heures plus tard, il est incapable de m'en citer ne serait-ce qu'une demi-ligne alors que moi, trente ans après l'avoir appris, je peux lui réciter *Le Corbeau et le Renard,* il me rétorque sans sourciller et l'air contrit que le ronronnement du système d'aération l'empêche présentement de se concentrer.

21

Je me félicite de sa récente conversion aux vertus du silence, lui d'ordinaire si bruyant, mais lui fais remarquer que l'imperceptible bruit du ventilo sévit depuis longtemps. Alors il mobilise pour les besoins de la cause une vieille tante malade qui occupe tout son esprit au détriment du reste et se paye le luxe, en plus, de me culpabiliser de l'avoir obligé à dévoiler quelque chose de très personnel...

Mais le mensonge sans vergogne de ce petit être dénué de morale n'est pas tout !

Vous savez ce qu'est un adolescent borné ? Vous avez déjà eu affaire à ce bunker verrouillé de l'intérieur aussi inapte à écouter autrui que prompt à lui couper la parole qu'est un adolescent casquetté à l'envers ? Vous êtes-vous déjà usé à essayer d'allumer l'étincelle de curiosité de ce veau blasé pour qui tout est nul, y compris la télé devant laquelle il passe tant d'heures par jour ? Pour tout ce qui n'est pas « nul » – l'argent de poche, la pizza chaude devant la télé, la mobylette, les draps propres – ça lui est dû ! C'est aussi naturel qu'un pommier qui donne des pommes.

Tant qu'à être classé « vieux con », allons-y.

Vous avez déjà assumé, à sa place, les conséquences des actes de cet irresponsable chez qui « t'en fais pas », ou « qu'esse-tu flippes » sont les signes avant-coureurs d'une imminente catastrophe, immanquablement suivis de la réponse joker « c'est pas ma faute » une fois que ladite catastrophe s'est produite ?

Y a-t-il un père ou une mère, réticent à prêter la voiture pour aller en boîte ou laisser l'appartement pour y faire une fête, qui n'ait, hélas, cédé sous le feu roulant des « je suis plus un gosse » pour s'entendre dire, une fois la voiture pliée ou les rideaux incendiés, que c'est la faute au virage qui n'arrêtait pas de tourner ou à la bougie qui ne sait pas tenir sur ses pattes ?

Seriez-vous les seuls à ignorer que virages et bougies ont en commun avec le gaz ou l'électricité une volonté autonome de nuire ? Il doit même rester, ici ou là, quelques spécimens d'immondes limaces qui affirment : « C'est de ta faute, t'avais qu'à pas me prêter ta bagnole »...

Dis, chouchou, c'est quand ta faute ?

C'est la totale prévisibilité de l'adolescent qui est insupportable. Tout cet argumentaire foireux de l'ado qui se croit très fort se dévide comme une machinerie mille fois enclenchée. Vous savez exactement ce qu'il va dire, à quel moment, en quels termes, avec quelle moue.

Voilà de quoi est faite multi-quotidiennement la vie d'un prof.

Et leur cruauté ? Je vous garantis que si le prof n'était pas là pour y mettre bon ordre, la classe serait une belle cage aux lions !

Malheur aux grosses, aux boutonneux, aux petits, aux anorexiques, aux idiots du village, aux bègues, aux surdoués, etc. Seul le racisme n'est pas spontané, mais hérité du milieu et finalement assez rare.

Haro sur les profs

Là, je vais balancer sévère...
Au commencement était la fainéantise.

À *bas les élèves !*

Deux raisons majeures peuvent pousser un étudiant pas forcément masochiste à retourner dans l'enfer qu'il vient de quitter : juillet et août.

Ajoutez à cela des vacances scolaires toutes les cinq à six semaines ; le total donne dix-sept semaines de vacances par an, ladite semaine ne comptant que dix-neuf heures en moyenne (seize heures pour un agrégé, vingt-quatre heures pour le petit prof du privé qui fait des heures supplémentaires). Sans oublier la totale sécurité de l'emploi dans le public.

Pour un fils (ou une fille) du peuple dénué du patrimoine qui lui permettrait de ne pas travailler, c'est le seul moyen d'avoir autant de temps libre. Aucune autre profession salariée n'a un ratio temps/salaire aussi bon.

Pour le cupide qui ne pense qu'à l'argent tout en dédaignant le temps libre, le salaire d'un prof est misérable ; pour le fainéant chromosomique qui facture son temps libre à un tarif prohibitif, c'est la seule voie possible.

Ce discours est antisyndical mais, croyez-moi, chaque prof sait en son for intérieur quels sont ses intérêts bien compris.

Il y a mieux : prof de fac, mais il faut être vraiment fortiche.

Déjà, le CAPES est un concours notoirement difficile et finalement disproportionné quand on voit le niveau de certains élèves. Il existe des tas de façons d'être prof sans passer le CAPES, encore moins l'agrégation.

Vous devenez maître auxiliaire avant même d'avoir fini la licence en assiégeant le rectorat

24

d'académie, et en acceptant tous les remplacements quels qu'ils soient (dans les rectorats de province, c'est en effet la galère). Quinze jours ici, trois semaines là, l'important est de ne pas leur faire faux bond. Tout le monde se fout de savoir si vous êtes bon prof ou pas : l'objectif est de ne pas laisser de trous dans l'organigramme. Entre-temps, vous obtenez la licence, voire la maîtrise. Un beau jour vous recevez un poste à l'année. Vous filez droit : des risettes à tout le monde et pas d'absentéisme malvenu. Avec dix-sept semaines par an de vacances, vous pouvez bien aller bosser avec la gueule de bois, c'est pas une maladie.

La gauche vient à passer (comme en 81 par exemple) et vous êtes titularisé.

Vous avez déjà pas mal ramé mais ce n'est pas fini. En tant que titulaire du poste vous gagnez en confort de travail mais pas encore en salaire. Quelques années de patience et vous obtenez le CAPES à l'ancienneté (je crois qu'ils appellent ça le CAPES interne) sans avoir besoin de (vraiment) le passer.

Là, vous êtes dans le château fort, le pont-levis est relevé ; protégé par les douves, vous pouvez tranquillement feuilleter le catalogue de la CAMIF (mutuelle d'achat des profs), les pieds sur la chaise en salle des profs. Caravanes, planches à voile, VTT, barbecue auto-allumant... Les vacances seront longues...

Élèves, n'ayez pas peur des profs. Ils ne sont qu'un ramassis de petits-bourgeois vautrés dans une médiocrité autosatisfaite. (J'entends d'ici les col-

À *bas les élèves!*

lègues : « Parle pour toi », « Tu craches dans la
soupe ».)

Pas fainéants, les profs ? Attendez voir...
À la réunion de prérentrée, sur quoi se précipi-
tent-ils ?
Sur le calendrier des vacances ! Est-ce que le
11 novembre, le 1ᵉʳ et le 8 mai tombent un jour de
semaine ? Pour le lundi de Pentecôte, on espère
que le lundi est suffisamment chargé ; pour le jeudi
de l'Ascension, on espère que c'est le jeudi. Ensuite
on passe à l'emploi du temps qu'on souhaite le plus
ramassé possible sur les mardi, mercredi, jeudi,
pour gagner encore dans les week-ends. Une ou
deux heures de trou dans l'emploi du temps et c'est
la crise !
Début juin, quand les premières et les terminales
ne viennent plus en cours à cause du bac, on modifie l'emploi du temps des secondes pour gagner
encore... Paris rayonne de soleil, on s'apprête à
savourer trois mois pleins de vacances mais rien n'y
fait : il se trouve encore des furieux pour râler
parce qu'ils ont les secondes deux heures le mardi
matin, une heure le mercredi matin et une heure
le jeudi après-midi du 10 au 28 juin...

Je reviens au début de l'année.
Qu'est-ce qu'on regarde juste après les vacances ?
Le nombre d'élèves par classe. Trop chargée ? On
envoie le discours officiel : pas bon pour les élèves,
bla bla, pédagogie active, bla bla, noblesse de la
mission éducative compromise par l'anonymat du
nombre, bla bla... C'est sûr que, au-delà de trente-

26

cinq fauves par classe, ça devient dur. Mais la vraie raison est ailleurs.

Vous avez déjà corrigé cent quatre-vingts copies en un week-end, même long ?

Moi, oui, et pas qu'une fois. C'est la mine ! La correction de copies est l'exercice le plus abrutissant que je connaisse. C'est sans fin, sans intérêt et ça vous laisse une impression de vide sidéral entre les deux oreilles. À la fin de la journée, vous errez, hagard, trouvant les dessins animés japonais finalement intéressants, comme si vous aviez passé douze heures sur un pont d'autoroute à compter les voitures jaunes.

Les copies sont les mêmes, les fautes sont les mêmes (à tel point que, après douze ans de compilation, je leur ai trouvé un nom : « les fautes standard »).

Au fait, les profs corrigent-ils vraiment les copies ?

Ben, ça dépend...

Déjà les profs de gym, de musique et de dessin n'ont pas cette charge. Une sinécure... Viennent ensuite les copies de langues, math, physique qui peuvent être assez rapides à corriger ; tout dépend de la façon dont sont conçues et agencées les questions posées.

En français, philo, histoire-géo et économie, il est impossible de réduire les devoirs à des questions ponctuelles ou des QCM. Il faut donc lire les copies.

Vous ne reliriez pas cent quatre-vingts fois (un bac blanc avec six classes) un texte que vous avez apprécié à la première lecture. A fortiori pas des textes étonnamment semblables dans leurs fautes, leur incohérence, voire leur ineptie.

En douze ans d'enseignement, je n'ai pas corrigé dix copies agréables à lire, intéressantes, pétillantes d'à-propos, riches de contenu et claires par leur cohérence. Un rapide calcul mental m'amène, sur une carrière complète, à un nombre de copies qui s'exprime en dizaines de milliers ! Ça flanque le vertige.

Un second calcul rapide m'indique que si je consacre disons un quart d'heure à une copie faite en deux heures – ce qui a priori paraît assez court –, cent quatre-vingts copies représentent quarante-cinq heures de correction. Physiquement impossible dans un week-end. D'autant que ce genre de travail qui n'élève pas l'âme ne peut se faire en continu. Après deux heures d'affilée, vous devez vous arrêter, changer d'air, vous distraire. Il ne sert à rien de se forcer : les mots, souvent illisibles, dansent sous vos yeux et le cerveau ne suit pas. Vous vous apercevez que vous venez de parcourir une page sans avoir le moindre souvenir de ce que vous avez lu.

Voilà comment commence le calvaire du jeune prof : frais émoulu de l'université, imbu de la haute idée qu'il se fait de la pédagogie, il se surprend à dépenser plus d'énergie intellectuelle à corriger une copie, à l'annoter ici ou là de remarques pertinentes, qu'il n'en a fallu à l'élève pour la réaliser.

Deux heures plus tard, défait, il ne lui reste que... cent soixante-douze copies !

Chacun comprend très vite qu'il faut une technique pour ramener le temps à quatre ou cinq minutes, pas une de plus si ça ne le mérite pas.

D'abord, le choix du sujet : s'il est trop vague ou s'il s'agit d'un commentaire de documents en nombre pléthorique, vous allez vous infliger du verbiage et des répétitions stériles de la doc. Il faut des sujets *light* et précis.

Plus le sujet est précis, plus le hors-sujet est identifiable. Si la copie embraye sur du hors-sujet, il suffit de parcourir une ligne sur dix environ pour s'assurer que cela reste hors sujet. L'air de rien, le hors-sujet peut représenter jusqu'à dix pour cent de la masse corrigeable.

Viennent ensuite les formulations alambiquées que les élèves prennent pour du style. « On constate donc bien que », « nous avons donc bien pu observer que », « ainsi nous voyons donc bien qu'il y a », en général suivie d'une stricte paraphrase de la doc. Ce « cholestérol sémantique » qui ne sert à rien représente jusqu'à un quart de certaines copies. Un peu d'entraînement permet de ne pas le lire.

Si vous ajoutez à cette surcharge rédactionnelle la paraphrase qui ne vaut rien, vous arrivez à quatre-vingts pour cent de certaines copies qui ne méritent plus d'être corrigées mais scannées.

Passées au « scanner » donc, ces copies ne coûtent qu'une à deux minutes d'analyse à un vieux renard de prof. Le « scanner » représente un volume important de la masse corrigeable.

Ou, si vous préférez, la « masse corrigeable » correspond au poids total brut de la boîte de conserve ; le surplus de lourdeurs, répétitions, et autres généralités non pertinentes correspond à l'excipient de

29

volume indigeste dont vous devez vous débarrasser pour ne retenir que le poids net égoutté, le matériau sec.

Si je résume : les profs sont fainéants, ils ne lisent pas forcément les copies...
Est-ce qu'ils préparent les cours ?
Là aussi, ça dépend.
Le jeune prof plein d'allant et optimiste corrige les copies en les lisant jusqu'à la dernière goutte et prépare scrupuleusement ses cours jusqu'au moment où il comprend que le système prof/élève ne récompense guère la vertu.

Après avoir croisé ses connaissances dans divers ouvrages universitaires uniquement trouvables en bibliothèque, le jeune prof d'histoire soucieux de développer les capacités d'analyse de ses élèves et d'aborder des questions d'historiographie passionnantes est catalogué « confus », « pas clair » par des élèves qui ne veulent que « bouffer » des dates bout à bout pour les resservir telles quelles.

Refusant de franchir le pas qui le distinguera du perroquet, l'élève de base ne prêtera guère d'attention à un cours intitulé « La nature du bonapartisme : sociologie de ses soutiens et raisons de sa chute ». Autant raconter ses dernières vacances.

Distinguant difficilement le principal du secondaire, les élèves vont brutalement ramener le prof à la réalité d'une classe : « M'sieur, c'est quelle date ? », ou bien : « On peut survivre combien de temps avec un bras coupé par un sabre ? », ou encore : « À cheval, on va aussi vite qu'en mob ? »

Les élèves ne sont finalement pas différents des adultes en général : quatre ou cinq élèves par classe vont capter le niveau d'un cours de bonne qualité et en tirer profit. Cela correspond au pourcentage d'esprits fins que la société comporte et au taux de cadres que l'université fournit à la société.

Le problème est qu'un cours pour trente n'est pas trente fois un cours particulier et qu'on ne peut pas dispenser à chaque élève plus d'un trentième de l'énergie dont on dispose.

De guerre lasse on finit par administrer son petit monde : pendant que les plus forts prennent leur mal en patience, on tâche de ne pas abandonner complètement les autres sur le bord de la route en leur donnant à entendre ce qu'ils ont envie d'entendre.

Doit-on pour cela vraiment préparer des cours ?

C'est là qu'intervient le manuel scolaire, très exactement étalonné sur cette demande : superficiels mais aérés et lisibles, réduisant à la portion congrue la partie rédactionnelle au profit de magnifiques images déjà coloriées, saupoudrées de chronologies rassurantes. Des cours sur mesure ! Reste à faire marcher la photocopieuse...

Les éditeurs ont raison de s'inquiéter : le pillage est colossal ! Sans compter un terrible effet pervers : comme dans les systèmes monétaires bimétalliques où la mauvaise monnaie chasse la bonne réservée à la thésaurisation, les meilleurs manuels scolaires ne sont pas conseillés aux élèves. Le prof se les réserve pour avoir un cours tout prêt sans éveiller les soupçons...

Et on leur confie nos gosses !

4.

Eux

Typologie des élèves

Voici une typologie de caractères récurrents qui peuplent les classes.

Avant même d'avoir mis un nom sur les visages, on sait quelle galerie de portraits déjà vus va incarner des listes anonymes. On ne sait pas encore qui mais on sait déjà quoi. Cette resucée de caractères étalonnés se dévide d'année en année aussi sûrement que les grandes séries engendrent la statistique.

On peut définir un caractère comme le canevas général de la personnalité qui conditionne une stratégie de rapport à autrui et à l'environnement.

Chaque prof reconnaîtra, dans ce dédale de personnalités dûment calibrées, les contours d'un relief, tantôt escarpé, tantôt plat, tantôt abyssal, où il devra naviguer à vue. La description des personnages qui suivent permettra peut-être à quelques collègues de fonctionner au radar.

Queue-de-cheval

Queue-de-cheval est une conne oiseuse, techniquement parlant.

Dit comme ça, c'est pas très gentil, mais je vous assure qu'elle ne l'a pas volé. Elle n'est pas toujours repérable à vue bien qu'elle ait un certain penchant pour les baskets à semelles surcompensées et la queue-de-cheval émergeant de la fontanelle cernée d'un chouchou en velours mauve. Si elle a renoncé à ces ajouts dimensionnels aux deux bouts de son anatomie, qu'on se rassure, elle ne tarde généralement pas à se signaler à votre attention par une remarque soit conne, soit oiseuse, d'où conne oiseuse.

Le jour de la rentrée, quand personne ne connaît personne et que le pH du milieu est encore neutre, elle passe devant vous l'arête du nez à l'horizontale et la bouche en cul-de-poule en disant :

« En plus, ils ont peint les murs en gris. Ça va être gai. »

Esprit négatif ? Rancœur de fin de vacances ? Vous l'auriez oubliée quand, quelques minutes plus tard, elle vous tire par la manche pour se rappeler à votre bon souvenir.

« Nous sommes aujourd'hui en salle 12 – dit le prof – mais à cause de la mise en place des emplois du temps, il se peut que nous ayons cours ailleurs. Vous serez prévenus en temps utile.

– Bravo ! susurre-t-elle le regard vitré de dégoût, ils ne savent même pas où on a cours. »

À noter le curieux usage de « ils », courant chez le beauf qui, quand il pleut, déclare :

« Ils vont nous pourrir le temps avec leurs conneries. »

Qui c'est, « ils » ? Les dieux, les Américains, les énarques ? C'est quoi, « leurs conneries » ? La bombe atomique ? L'augmentation des impôts ? Le nouveau sens interdit qui m'oblige à faire le tour du pâté de maisons ?

La conne oiseuse a ceci de commun avec le charcutier poujadiste qu'elle débusque immédiatement les complots ourdis contre elle à raison d'une bonne demi-douzaine par jour. Là, en vingt minutes, elle en a débusqué deux.

Elle est déjà, à dix-sept ans, une « ménagère de moins de cinquante ans » avant la lettre, dictateur de l'audimat, sur mesure pour TF1 en général, J.-P. Pernaud en particulier.

Pour je ne sais quelle raison que les sémiologues auront à cœur d'analyser, elle affectionne les noms accolés. Elle a pour quelqu'un une « pensée-tendresse », elle consomme des « yaourts-santé », elle veut exercer un « métier-passion », achète un pull à un « prix-événement », et fixe la vie dans des « instants-Kodak ».

Elle n'est pas seulement une râleuse impénitente, elle est aussi une pinailleuse hors pair.

Dans une polémique, on oppose à des idées d'autres idées dans le but de convaincre. Dans un pinaillage, on oppose à des idées leurs contrepieds systématiques, de préférence à l'aide de lieux communs très difficiles à contrer, dans le but non pas de convaincre mais de freiner la progression de l'adversaire. C'est une guérilla où il ne s'agit pas de gagner la guerre mais d'empêcher l'autre de la gagner.

Dans une polémique, les arguments sont en nombre limité, c'est pourquoi une polémique trouve à un moment donné une fin. Dans un pinaillage, les contrepieds systématiques sont en nombre illimité, c'est pourquoi un pinaillage est sans fin.

La conne oiseuse ne se pose pas la question du pourquoi mais du comment pour tenir la distance jusqu'à épuisement total des arguments de la rationalité d'en face : elle aligne les tartes à la crème oiseuses, pensant être le héraut du sens commun alors qu'elle n'est que l'infatigable compilatrice des scories de la pensée à l'emporte-pièce.

Cette resucée épuisante ne la lasse pas : son but est d'avoir réponse à tout. Véritable pitt-bull du dernier mot, elle ne lâchera jamais son bout de barbaque, verrouillée qu'elle est dans ses évidences.

Son goût de la superficie au détriment de la profondeur trace pourtant ses limites. Il est facile de mettre les rieurs de son côté par un trait ironique dont elle ne vous tiendra pas rigueur, ne l'ayant pas compris. Pire, elle croira être l'auteur de l'hilarité générale alors qu'elle en est la victime.

Elle est finalement facile à isoler parce qu'elle fatigue tout le monde. Boudeuse en cas d'opposition, elle bouclera ostensiblement son cartable avant la fin du cours, consultera sa montre toutes

les trente secondes en soufflant, lèvres et fesses ser-
rées, tous sphincters confondus.

Rancunière mais biodégradable quand même : un compliment sur sa coiffure chevaline au cours suivant et tout est oublié : avant d'être oiseuse, elle est conne.

Incapable de prendre des notes – c'est-à-dire de comprendre et trier –, elle ne sait que mettre bout à bout des phonèmes qu'elle gobe indistinctement pour les ressortir tels quels. Rivée à sa tranchée du mot à mot, elle écrit tout linéairement. Si, à la fin d'un paragraphe dicté, je dis « point, à la ligne », je jette un coup d'œil des fois qu'elle l'écrive. Ça s'est vu ! Son cahier est une création surréaliste involontaire, un patchwork d'écriture automatique. Elle l'aurait cherché, elle serait une artiste.

Dénuée de retenue, son ignorance est insolente. De toutes les matières, ce n'est pas les maths qu'elle préfère. Le reste n'a pas davantage l'heur de lui plaire.

Elle trouve Jean-Jacques Rousseau idiot, Victor Hugo chiant, Bergson confus. Pas la moindre ver-gogne à le dire tout haut car c'est son opinion, le mot magique qui protège de tout ! Combien de fois l'aura-t-elle brandi comme un bouclier, son opi-nion. De quoi vous dégoûter de la liberté d'expres-sion !

L'érudition, la culture sont les choses qui l'im-pressionnent le moins. Les meilleurs esprits de la planète n'ont jamais que des opinions, comme elle, quoi, pareil...

Elle peut être dangereuse. À elle seule, elle pompe le quart de l'énergie nécessaire à faire tourner une classe. La meilleure parade à son endroit est le cordon sanitaire. Après tout, vous êtes prof et vous avez du pouvoir ! Utilisez-le et faites-la taire. C'est sans doute le seul moyen de lui inspirer du respect.

Le pédant cheap

Version masculine de la conne oiseuse, le pédant cheap est également adepte des lieux communs qu'il prend pour de la pensée autonome.

Il se croit en avance sur ses camarades quand il n'est en avance que d'un zapping. Sa culture est largement télévisuelle, bien qu'il s'en défende. Les fautes d'orthographe qu'il commet dans ses copies en témoignent, ainsi les avatars de « golfe ». Ce mot, qui ne présente aucune difficulté orthographique, fut longtemps correctement écrit : golfe du Lion, golfe du Mexique, etc. Jusqu'à la campagne de publicité pour la « Golf » de Volkswagen. Ainsi apparurent les premiers « golf Persique » bien qu'il soit facile, comme dit la pub, de ne pas se tromper. La débauche de moyens mis en œuvre pour contrer ce genre de faute fut sans effet face au laminoir cathodique commercial...

Vint la fameuse guerre du Golfe et ce mot devint presque du jour au lendemain *gulf*. La guerre du *gulf*. Évidemment à cause du monopole des images de la chaîne américaine CNN sur la *gulf war*.

Idem pour le malheureux colonel Picquart, de l'affaire Dreyfus, définitivement surgelé en « Picard » malgré les mises en garde.

Son rayon d'action intellectuel ne dépassant pas quelques minutes, il est gros consommateur de « digest » en tout genre qu'il sait agrémenter, pour compenser, d'une pellicule de pédantisme. « Il est scientifiquement prouvé que... », « les dernières recherches établissent que... », etc., sont, chez lui, la coquille en plastoc de la pensée qui veut que « les Belges aiment les frites », « les femmes ne savent pas conduire », et autres formulations fines.

Accessoirement spécialiste de la Nature Humaine, il s'autorise des sentences du genre « De tous temps, l'homme a toujours... ». En cela, il est pédant. L'adjonction de brèves de comptoir comme « les Japonais sont des fourmis » ou « les Français n'ont jamais pu sentir les Anglais » le rend cheap.

Il vit intellectuellement au-dessus de ses moyens.

Aussi emmerdeur que la conne est chiante, il lève souvent le doigt pour apporter ce qu'il croit être une précision et qui n'est en réalité qu'une paraphrase.

Si, à un moment donné, vous signalez que Roosevelt était paralytique, votre pédant de service va convulsivement lever le doigt pour intervenir toutes affaires cessantes.

« Il ne faut pas oublier de dire qu'il était sur une chaise roulante, dit-il en pensant faire profiter tout le monde d'une info fondamentale pour la compréhension du reste.

– C'est ce qu'on entend par paralytique », dit le prof qui a voulu gagner du temps en optant directement pour l'adjectif correspondant à l'analyse de la situation visible.

Là où l'esprit bien fait analyse, le pédant à cent balles feuillette un album photos. Frappé par l'image, il voudrait montrer à tout le monde ce que personne ne conteste.

Notre bélier des portes béantes se croit protagoniste d'une polémique d'historien. « Non, parce que c'est important... », bougonne-t-il dans son coin...

Même perte de temps avec tous les faux débats qui s'étalent régulièrement sur les placards publicitaires des revues pseudo-historiennes, ou pseudo-scientifiques, à sensation sur les dessous (malpropres) de l'histoire.

Hitler s'est-il suicidé dans son bunker ? Napoléon a-t-il été dépucelé par le chevalier d'Éon ? La reine d'Angleterre, agent du B'nei Brith ? etc.

Le suicide de Hitler se vend encore bien. Il n'y a qu'à guetter du coin de l'œil le pédant cheap de service qui va nous resservir sa soupe :

« Les services secrets soviétiques ont établi... les dernières recherches font état... Hitler formellement reconnu à Valparaiso en 54... »

Formellement ; établi ; prouvé... Il assène.

Cela dit, le pédant cheap présente des avantages. Il est un facteur d'émulation dans la classe. Certes dévoyée, sa curiosité intellectuelle est sincère et sa motivation à acquérir des connaissances louable.

Mieux vaut s'en faire un allié qu'un ennemi en mettant les rieurs de son côté.

La technique du cordon sanitaire utile pour désamorcer la conne oiseuse ne fera que l'isoler et sera perçue par les autres comme une punition à la curiosité, donc une prime à l'ignorance. Il devrait devenir une sorte de beauf branché à la Gildas mais on ne sait jamais.

Son conformisme l'amène à se plier de bonne grâce aux normes admises. On lui demande de faire, pour tel sujet, un plan en trois parties. Il fait un plan en trois parties. Sauf que, chez lui, c'est thèse-antithèse-foutaise.

Lui au moins est respectueux des gens qui en savent plus même si, avec la bouillabaisse d'idées qu'il a dans la tête, on le roule facilement dans la farine. Contrairement à la précédente, le doute l'assaille quelquefois et la modestie le retient.

Au fond, il est respectueux de l'ordre établi et ça tombe bien, l'ordre établi c'est moi.

Le diesel

Ah, le diesel ! Caractère attachant mais combien de fois ai-je quitté la salle de classe l'estomac plié en huit de m'être retenu pour ne pas perdre mon calme, car il est méritant, le bougre... Avec tous les efforts qu'il fait, on ne peut pas lui en vouloir.

Ainsi nommé parce qu'il est long à chauffer, parce qu'il fonctionne avec un carburant spécial, parce qu'il a un taux de compression énorme pour des performances médiocres, le diesel a l'odeur et la saveur d'un bon élève sauf que...

D'abord, il est remarquablement équipé de neuf. Cartable de bonne facture, panoplie complète des stylos, gomme, crayons, règle, compas, rapporteur, colle à papier, agrafeuse avec recharge, Tipp-Ex avec diluant, chemises cartonnées avec glissière de blocage, dans la poche quelques Grany aux cinq céréales, dans le cartable le Yop douze vitamines. Manifestement consciente des lacunes du fiston, sa maman a veillé à ce qu'il ne soit pas, en plus, lâché par l'intendance.

Le bouton de col fermé, car il peut prendre froid, le diesel me fixe, le sourcil froncé par l'effort de compréhension alors que je n'ai encore rien dit. C'est rien, il se mobilise. J'ouvre le feu.

« Prenez, s'il vous plaît, vos cahiers de géo. »

Le diesel me fixe de plus belle comme si je parlais par énigmes. Voyant son embarras, je pense l'aider en disant : « Un cahier, tu sais bien, ces feuilles brochées ensemble, en vente libre dans toutes les bonnes papeteries. » Grave erreur ! Y fallait pas. Tant de mots en même temps. Ce qui sauve finalement ce légaliste convaincu, c'est le mimétisme de l'instinct grégaire : il sort un cahier comme viennent de le faire les vingt-neuf autres autour de lui. Le cours continue. Après avoir demandé le cahier de géo, j'inscris Géo en haut à gauche du tableau sur lequel s'étale en encadré le chapitre du jour : « Le Japon dans l'aire Pacifique. » Et j'embraye avec le schéma bien connu des quatre îles principales. Face au tableau, je pense au Doc-

41

teur Knock qui fait pénétrer quelques dizaines de thermomètres dans autant de paires de fesses en même temps ; l'idée me vient que quelques milliers de profs de géo de France, de Navarre et des Dom-Tom font comme moi au même moment le schéma du Japon un million de fois recommencé. Il est 9 h 22. Reste une heure trente-huit minutes avant le café-cigarette en salle des profs. Le crachin de novembre ruisselle sur les vitres...

Contre toute attente, c'est justement mon diesel qui va mettre de la vie là-dedans avec vingt-deux minutes de retard à l'allumage.

« M'sieur, c'est histoire ou géo ? »

C'est de ma faute, j'aurais dû chauffer le gazole.

« Non, là c'est activité d'éveil : vannerie, poterie, émaux, tu vois bien. »

Au milieu de la bonne humeur générale, je taille large pour être sûr de ne pas le perdre en route.

« Troisième planète du système solaire, hémisphère nord, c'est bon ? Terminale, cours de géo, le cahier qui va avec, le Japon, le schéma, on y va ?

– Ouais, m'sieur... »

Ainsi en sera-t-il toute l'année. Et jusqu'au bout, car son absentéisme est quasi nul. Contrairement à la conne oiseuse qui a souvent un pet de travers et se montre prompte à s'octroyer des circonstances atténuantes, le diesel tient bon dans des circonstances... exténuantes. Quand, début juin, les élèves sont autorisés à réviser à la maison et que l'appel n'est même plus fait, mon diesel vient tout de même en classe par inertie m'obliger à réviser avec lui un bac que j'ai déjà.

Le diesel présente d'autres défauts : il est sympa !
Bonne pâte, il ne discute jamais ses notes. Pire,
plafonnant à 8 de moyenne, il vient vous remercier
si, par cas, il a obtenu 9 ou 10 ! Il n'est mû que par
la volonté d'obtenir de meilleures notes.

À la fin du cours, copie en main, il veut un état
détaillé des fautes à ne plus commettre. Deux
comme lui, ça vous flingue une coupure de 10 h 30.
Mais comment faire ? Il est la dernière personne au
monde à qui vous voudriez faire de la peine.

La correction de ses copies est un calvaire. Pour
un devoir qui vaut 4 vous ne pouvez pas ne pas
prendre acte des efforts consentis : vous mettez 6
ou 7 pour ne pas désespérer Billancourt, mais pour
combien de temps encore ?

Dénué de rancune, le diesel est celui qui, deux
ou trois ans après les faits, va vous appeler au téléphone pour vous dire sa reconnaissance car,
d'après lui, c'est grâce à vous qu'il a décroché un
CDD à la FNAC... Vous vous sentez vraiment un
salaud de lui avoir fait répéter trois fois son nom
au bout du fil...

Ça, c'était le diesel besogneux. Il existe une
variante : le diesel déprimé. Imaginez, pour illustrer,
le diesel besogneux dans une tranchée à Verdun.
Bien que blessé, il montera quand même à l'assaut
car il ne désespère pas de gagner la bataille. Le diesel déprimé monte aussi à l'assaut mais dans l'espoir
de prendre une balle pour que tout cela cesse ! Dans
les deux cas, ce ne sont pas des tire-au-flanc.

Également bardé de tout son attirail, kit de survie
en poche, le déprimé n'est qu'une viande de souf-

france qui se demande pourquoi on n'a pas encore décidé de le piquer. De la chair à stylo. Si on n'était pas dans un décor aussi trivial que l'école, il exprimerait assez bien les grandes douleurs muettes de la tragédie antique. C'est Louis XVI qui va donner un coup de main pour réparer la guillotine. Quand le surveillant vient distribuer les bulletins de colle, il trouve anormal de ne pas avoir le sien.

À ce propos, il me revient en mémoire une anecdote dont je ne suis pas fier (car j'en suis l'anti-héros) et qui me rappelle que je fus moi aussi diéséliste confirmé.

C'était en 1967 en classe de seconde. Le prof de latin, lassé de corriger des versions latines pompées sur des traductions, avait fait imprimer (pas de photocopieuse à l'époque) une série de textes latins sans références d'auteur ni d'ouvrage. En face, une bande de gros malins dont moi qui pensaient avoir trouvé la réponse technique à la menace, comme on dit dans les écoles militaires. Il s'agissait de repérer dans le texte les mots rares et de les chercher dans le « gros Gaffiot » – un énorme dictionnaire latin/français – qui fourmillait de citations entières où apparaissait souvent le mot rare en question avec les références d'auteur et d'ouvrage. Par exemple, Cicéron – *Le Procès de Verrès*/chapitre 8. Il ne restait plus qu'à aller à la bibliothèque de Sceaux, la plus proche du lycée Lakanal, pour y trouver la traduction. Toute l'affaire ne prenait qu'une demi-heure à la joyeuse bande de filous sauf à moi, filou-diesel, à qui cela demandait tout le jeudi après-midi.

Voulant tromper le prof jusqu'au bout, j'établis-

sais la statistique de mes fautes passées sur mes versions dûment archivées : huit barbarismes, douze
solécismes, dix-sept faux-sens, etc. Je maquillais la
supercherie en y introduisant la dose habituelle de
fautes. Une semaine plus tard, le prof rend les
copies, furieux. Il nous prévient qu'il a repéré un
certain nombre de copies pompées qui valaient 18
mais à qui il a mis 0 et nous demande de nous
dénoncer pour que l'affaire ne se termine pas au
conseil de discipline. Je lève le doigt avec les autres.
Embarras du prof qui en a un de trop. Il cherche
ma copie, bourrée de fautes : 2 sur 20. Rien que de
normal.

Un faux monnayeur qui passe une journée de
boulot à fabriquer un billet de vingt balles.

Le dilettante doué

Le dilettante doué est l'inverse exact des diesels
toutes obédiences confondues. C'est un incorri-
gible cossard qui compense sa fainéantise par
quelques talents de rédaction et un esprit vif. Il pige
vite et il est remarquablement servi par sa mémoire,
c'est ce qui le sauve. Mais tous ces atouts ne lui
servent qu'à économiser les moyens, jamais à réaliser des performances.

Sa grande résistance à l'inaction lui permet, dès
qu'il a atteint son petit 10 syndical, de ne pas faire
un effort de plus. Eu égard à la dépense d'énergie
ridicule et aux frictions minimales, son ratio ther-

modynamique est optimal : c'est un panneau solaire !

Son sens inné des flux tendus l'amène à l'école sans cartable : il tape un stylo, emprunte une feuille, consulte le livre du voisin et se souvient de ce qu'il faut marquer sur le cahier de textes. Il utilise volontiers le diesel comme bourricot qu'il taxe sans vergogne.

À quoi bon se trimbaler deux heures par jour dans le métro avec un cartable de douze kilos si d'autres le font déjà à sa place ? Le gâchis le dégoûte, surtout le gâchis de lui-même.

Ayant réglé le problème de l'espace par annulation pure et simple du volume de fret, reste à régler le problème du temps. Là où quiconque face à un problème cherche des solutions, lui cherche un délai. De ce point de vue, il est en permanence sur la corde raide.

Comment obtenir la note nécessaire et suffisante le plus tard possible avant le bulletin trimestriel ou le conseil de classe ? En ne paniquant pas, bien sûr ! Son système nerveux reptilien lui épargne de suer sang et eau, de caqueter fébrilement ou de se ronger les ongles. Il est sûr de lui comme en attente de son destin grandiose. Se sachant capable, il ne voit vraiment pas pourquoi il devrait le prouver à tout bout de champ. En cela, il diffère du pédant cheap qui veut toujours prouver quelque chose.

Son goût du moindre effort lui confère un certain sens politique au sens large. Il ne viendra pas négocier une meilleure note au motif qu'il la mérite, ni ne discutaillera pour redresser une injustice. Il laisse au prof ses droits régaliens et n'affronte pas le pouvoir de face.

Il pèse simplement le bénéfice possible au regard de l'énergie dépensée probable. Pas sûr de gagner, il n'y va pas. Il a compris que l'Arbitre n'est pas une entité qui a toujours raison ; c'est une entité qui a le droit de se tromper. Il ne confond pas le droit et la justice ; il applique la *Realpolitik*.

Insensible aux « excellentes » raisons de l'échec comme aux « exécrables » raisons de la réussite pour ne voir que des succès ou des faillites, c'est un pragmatique qui fait gagner du temps à tout le monde. Bon point pour lui, mais qu'il se méfie : un pas de plus dans le pragmatisme et le voilà cynique.

Admonesté en conseil de discipline, il n'est ni contrit ni provocateur. Il est batracien. On dirait un crapaud-buffle au bord d'une mare une nuit d'été. On pourrait lire la bulle au-dessus de sa tête : « Qu'est-ce que tu vas me faire ? Un deuxième trou de balle ? » Moins il réagit, plus cela sera bref.

Décidément, il économise tous les moyens. Les siens, les tiens, les nôtres... Sauf au conseil de classe où, à lui tout seul, il a mobilisé un bon quart du temps. Justement, ce jour-là, il n'est pas là... On sait qu'il pourrait passer en classe supérieure mais il a tellement tiré sur la corde, tellement rien foutu, tellement pas eu son cahier, tellement abusé du crédit, tellement été cynique... et quand on pense à ce malheureux diesel qu'on vient de faire redoubler avec tout le boulot effectué...

Le faux jeton odieux

Je ne rigole pas : le faux jeton odieux peut avoir des morts sur la conscience, s'il en a une. C'est un pousse-au-suicide pour quiconque a placé un peu haut la barre de la nature humaine. Il est l'incarnation du scénario pessimiste pour l'humanité. Un bonheur dans le malheur : il contredit l'anthropocentrisme bigot selon lequel l'homme est le but final de l'univers.

Procédons par ordre.

D'abord il a la gueule qui va avec : un teint blafard, des yeux inexpressifs pour un regard fuyant, une pustule à la commissure des lèvres en option. On pourrait croire que c'est simplement un adolescent malheureux ; bientôt c'est vous qui allez l'être. Il va vous faire payer l'ingratitude de la nature. Vous allez comprendre le rapport mystérieux entre le pied bot de Goebbels et les V1 sur Londres.

Membre *honoris causa* potentiel de la Guépéou, il compile patiemment un dossier sur vous à chaque faux pas. Il prend acte en silence d'une faute d'orthographe au tableau, d'un retard même d'une minute en six mois, d'un gros mot échappé de votre bouche pour l'utiliser le moment venu contre vous.

Vous lui avez enlevé un point sur une copie au mois d'avril parce qu'il a mal orthographié un mot, il demande au directeur du cours privé où ses parents l'ont inscrit une entrevue où il déclare, *texto* : « Comment tolérer qu'un professeur qui fait *des* fautes d'orthographe au tableau (là, il cite la faute faite au tableau au mois d'octobre) retire des points à ses élèves quand ils en font une ? »

Le directeur, d'abord sidéré par l'arrogance de l'avorton, s'apprête à lui remonter les bretelles mais se ravise vite. Ce cloporte a aussi un dossier sur le directeur. Il enchaîne, sachant que si le prof a des élèves, le directeur a des clients : « Je ne sais pas si mes parents, qui consentent déjà un lourd sacrifice pour mes études, vont continuer à le faire l'an prochain. »

C'est un légaliste procédurier. Il ne gagne jamais parce qu'il est le plus fort mais toujours parce qu'il comprend tout le parti qu'il peut tirer des faiblesses de l'adversaire. Il ne chasse pas à courre mais à l'affût.

Il sait qu'il fait des fautes, que son cahier n'est pas à jour, qu'il cumule trop de retard, que son dernier devoir était hors sujet, mais il exige des bonnes notes. Inutile pour autant de tenter une explication à la loyale : pendant que vous rassemblez vos arguments, il rassemble vos adversaires.

Il fait aussi volontiers jouer la famille. Un papa gâteau ou une mère poule sont faciles à manipuler. Si ça ne suffit pas, il donne de la grand-mère ! Vous vous retrouvez devant une mamie Nova sympa comme tout qui ne se doute pas qu'elle sert de bouclier humain à sa peste de petit-fils plus manœuvrier qu'un reptile !

À bas les élèves !

Le pompon a été atteint par une petite nunuche, pas bien maligne et qui passait son temps à faire des risettes à tout le monde. Elle plafonnait à 7 sur 20 avec des copies médiocres. Au mois de juin, à deux semaines du bac, je lui mets un 12 parfaitement immérité pour relever la moyenne d'un livret scolaire déjà peu charitable. En vain, car la gosse rate le bac du premier coup...

La mère fait un scandale et m'oblige à m'expliquer pendant quarante-cinq douloureuses minutes devant le directeur pour mon incompétence notoire : cette espèce de serpent à sonnette avait, pour faire gober à sa mère son échec, ressorti la fameuse copie surnotée, arguant de ce que le prof ne lisait pas les copies, que ça valait pas 12, qu'il nous avait trompés sur la valeur réelle du travail... Quand on est vicelard, on ne se refait pas...

Dans la rubrique faux cul ascendant cloporte, j'en ai un autre en mémoire. Un petit ombrageux à grosses lunettes, parfaite réplique de « langue de pute » incarné par Antoine de Caunes dans sa galerie de portraits à « Nulle part ailleurs » vers 1988. Pressé par la fin de l'année, j'avais fait un cours sur la Chine un peu rapide.

Cet infâme boutonneux avait fait circuler une pétition parmi les élèves pour me dénoncer au directeur comme « confus » et « indigne d'assumer des responsabilités de pédagogue », en espérant fédérer tous les mécontents.

Même ceux avec qui j'avais un contentieux trouvèrent la manœuvre trop vile.

Un militant...

Le bouc émissaire

Son cas relève largement de la médecine mais il faut bien le gérer en attendant un éventuel internement. Il se prend pour la victime expiatoire axiomatique de la méchanceté pure représentée par le prof. Inconscient d'être l'épine dans le cul de la classe, il est prompt à revêtir les habits du martyr qui sont trop grands pour lui.

D'abord il rate tout ce qu'il fait. Du cent pour cent de fautes !

Il oublie son cahier, se trompe de livre, se trompe d'heure, de salle, de semaine... Il arrive en retard, ne rend pas ses devoirs, a perdu les documents d'inscription, l'argent de la photo de classe, interverti les couleurs de la légende et du schéma, confondu son code de bac blanc avec celui du voisin (joli bordel en perspective). Jusque-là, c'est seulement Monsieur Catastrophe. On pourrait l'inclure dans la rubrique « astronaute », voire « poète ».

Le problème est qu'il est absolument convaincu que « c'est-pas-sa-faute »... Il en développe une pathologie de persécution tournée contre le prof pour peu que ce dernier soit plutôt partisan de dire la vérité au malade.

Le premier symptôme apparaît lorsque, le premier jour, il est franchement retourné vers son voisin de derrière en pleine discussion. Bon, c'est le début de l'année, vous ne voulez pas chausser la casquette du flic, du moins pas tout de suite. Vous vous tâtez : intervenir ou pas ? Comme ça fait quand même vingt minutes que ça dure, vous intervenez avec un luxe de précautions de sorte que la procédure soit acceptable pour l'élève, ses parents, le directeur, la Croix-Rouge, Amnesty International, SOS Racisme et Maître Collard tout à la fois.

« Excusez-moi, jeune homme, je ne sais pas si vous m'entendez, mais moi je vous reçois cinq sur cinq. » Façon habile de lui faire comprendre qu'il faut qu'il arrête.

Il ne se retourne pas tout de suite. Il a peine à croire que c'est à lui qu'on s'adresse. Finalement, un œil arrondi par la surprise me regarde. C'est encore l'étonnement qui domine. Il me dit que « oui, il entend bien », vaguement touché qu'il est de ma sollicitude envers son tympan. Bref, il n'a pas compris le message, la preuve il recommence.

Un petit quart d'heure de rab, et j'interviens à nouveau en renonçant cette fois aux quatre dernières garanties démocratiques citées plus haut.

« Eh, l'homme en jaune là-bas, tu arrêtes de parler, et ça prend effet tout de suite. » Ah mais...

Maintenant, suivez attentivement la scène.

Il se retourne très lentement, tel un héros hitchcockien qui entend grincer la porte dans son dos. Encore cet étonnement dans le regard vaguement mâtiné d'angoisse. Il me scrute et articule pour que les choses soient bien claires :

« Mais-je-ne-par-lais-pas ! »

Ce faisant, il interroge du regard les autres autour de lui, comme appelant à l'aide. Il a l'air de dire : « Vous êtes tous témoins que je viens de rece-

voir un tournevis dans l'oreille gauche, gratuitement. » Ses sourcils s'affaissent légèrement, chas-
sant l'étonnement pour ne laisser que l'angoisse de
l'incompréhension totale. Le « climax », comme on
dit dans un scénario, est atteint lorsque, épuisant
les conjectures, il regarde son tee-shirt jaune (men-
tionné par moi plus haut car je ne connais pas
encore leurs noms), façon de dire : « Peut-être il
n'aime pas le jaune, je ne vois plus que ça. »

Je rappelle à ceux qui auraient raté le début du
film que le zozo était franchement retourné,
accoudé, en pleine discussion avec le voisin de derrière, et j'ai pas fumé la moquette.

Comme j'ai encore une dizaine de mois à passer
avec lui, il faut que j'analyse vite. Soit c'est un comédien hors pair, auquel cas il sait parfaitement ce
qu'il fait et j'aurais dû l'inclure dans le chapitre
précédent comme faux jeton odieux. Soit il ne se
rend pas compte de ce qu'il fait et il se prend pour
un chrétien jeté aux lions.

Je procède donc à un questionnaire médical :
« Là, tu ne parlais pas ?
– Mais non ! dit-il avec une intonation dreyfu-
sarde.
– Quand tu manges une glace, tu te rends
compte que tu es en train de manger une glace ?
Je veux dire par là qu'il ne t'est jamais arrivé de te
la flanquer dans l'œil ? »

Bref, une heure n'est pas écoulée que le dia-
gnostic tombe : j'ai un bouc émissaire pur sucre.

Son autre spécialité est de donner à ses échecs
des raisons qui n'ont rien à voir. Lui ne retient que

la raison, il se sent couvert. Reste la persecution maligne du prof, CQFD.

Exemple : le vendredi soir, je leur distribue une doc importante que je leur demande de ramener sans faute le lundi pour commentaires. Évidemment, lui il ne l'a pas au motif... qu'il habite loin ? ! ! !... Un ange passe...

Ne voyant pas le rapport de causalité, je lui fais remarquer que la question n'était pas : « Pourquoi t'es en retard ? », des fois qu'il se serait trompé d'argumentaire, mais : « Pourquoi t'as pas ta doc ? » Rien n'y fait. Il veut absolument me prouver qu'il habite loin et plus je lui dis qu'il n'y a pas de rapport, plus il croit que je veux prouver que c'est pas vrai qu'il habite loin. Une victime, je vous dis !

L'année ne se passera pas trop mal finalement parce qu'il n'est pas méchant. Il ne se rend pas compte mais il n'est pas méchant.

J'oscillerai par sa faute d'un état d'apathie résignée en l'écoutant me dire qu'il n'a en aucun cas oublié son cahier d'histoire (il a juste pris le cahier de maths à la place) à la franche rigolade en écoutant son dernier sketch : une vilaine rage de dents qui ne supporte pas l'accord en genre et en nombre et gare à moi si je m'avise de démontrer qu'il n'a pas mal aux dents...

Dialogue de sourds. Moi tortionnaire – lui victime.

Encore une petite anecdocte mignonne à son sujet, et qui concerne aussi la conne oiseuse.

Un jour, ne pouvant tout de même pas convoquer un huissier pour constater l'absence du cahier et lui faire admettre que c'était uniquement ça le nœud du problème, je me demandais ce qui arriverait si je tordais la barre dans l'autre sens. Une expérience de laboratoire, une hypothèse d'école.

« D'accord. Tu as raison. L'absence de cahier n'a rien à voir avec mon courroux. C'est uniquement parce que je ne peux pas te sentir. » (Silence dans la classe...)

« Je te hais personnellement depuis le premier jour et j'ai décidé que tu paierais pour tous les autres. » (Les autres commencent à sourire.) « Oublie les retards, les bavardages, les devoirs non rendus, tout ça c'est moi qui l'ai inventé. La vraie réponse à ta question : "Pourquoi toujours moi ?", c'est que je te hais et c'est strictement personnel. » (Là, tout le monde a compris.)

Figurez-vous que ça a failli réussir. J'ai presque entendu ses neurones se connecter vers des voies nouvelles, inexplorées. Il a presque compris que je ne pouvais pas être à moi tout seul aussi mauvais.

Mais la cerise sur le gâteau est venue à la fin de l'année.

Je demande aux élèves d'écrire tout à fait librement ce qu'ils ont pensé de l'année écoulée, des cours, de moi-même, en leur garantissant l'impunité.

Je cite la conne oiseuse d'alors : « C'est dégueulasse ce que vous avez fait avec l'homme en jaune (on va l'appeler comme ça). Vous n'avez pas le droit de faire intervenir un jugement personnel aussi injuste... bla bla bla... »

Ne lui parlez pas de deuxième degré, chez elle, il n'y en a qu'un. La différence avec le bouc émissaire, c'est qu'elle ne m'a jamais fait rire.

L'astronaute expert

On le repère vite : il est coiffé chez pétard. Si, par cas, il a l'air peigné, c'est qu'il s'est mis par inadvertance de la confiture dans les cheveux qui fait gel. De toute façon, un détail vestimentaire décalé le signalera comme des chaussettes dépareillées ou la veste de pyjama oubliée sous la chemise. La chemise est repassée de frais ! Cherchez les traces de dentifrice sur la joue... Il est un jeu des sept erreurs à lui seul.

Absent même quand il est là, seul son corps trahit sa présence. Son esprit a glissé hors de lui selon la ligne de regard à qui suffit un petit carreau de ciel pour s'échapper. À la manière d'un missile guidé, il ne quitte plus son faisceau laser jusqu'à la cible que lui seul distingue.

Son cartable est une caverne d'Ali Baba, un puzzle d'objets disparates dont la cohérence n'apparaît qu'après décryptage du rébus de sa pensée kaléidoscopique. Ne le confondez pas avec un simple rêveur. L'astronaute est généralement expert en quelque chose de très pointu. Il est simplement pris ailleurs et, croyez-moi, ça occupe.

Quelques-uns me reviennent en mémoire dont un expert en bonsaïs que je n'ai découvert qu'à la fin de l'année. Ce garçon, d'une totale pudeur, n'y avait jamais fait allusion mais ses talents étaient grands. Pendant deux bonnes heures, à une terrasse de café, il m'a expliqué la complexité de cette discipline. J'ignorais que plusieurs années étaient nécessaires pour réussir un bonsaï. J'ai pu mesurer toute sa compétence, et l'ampleur de la bibliographie qu'il maîtrisait. Du haut de mes quarante ans, je me suis senti petit par rapport à quelqu'un de plus utile que moi au bien commun, en tout cas au monde des arts. À l'inverse du bouc émissaire, il n'en n'a jamais tiré argument pour expliquer des absences ou des mauvaises notes qui, pour le coup, m'apparaissaient amplement justifiées.

Un autre a passé une année complète à réaliser des dessins à la Escher d'une finesse et d'une précision incroyables uniquement à l'aide de formes géométriques simples. Des mosaïques ciselées au quart de millimètre qui avaient un arrière-goût de « fractales de Mandelbrot » représentant des choses fort difficiles à dessiner à l'aide de simples carrés, triangles ou trapèzes, façon d'économiser les moyens pour la bonne cause.

Les domaines d'application sont variés : prestidigitateur, expert en bidouillerie électronique, pirate de logiciel, architecte naval, sans oublier le basique démonteur de moto dont le cartable gavé de pièces détachées détournerait n'importe quelle boussole de son champ magnétique.

Tous ont en commun, outre la coiffure tourmentée, le silence et le regard fixe, dans la totale ignorance des contingences de ce monde.

Alors que le dilettante doué disperse la vapeur aux quatre coins de l'éther, eux la concentrent dans un piston qui frappe en un point.

Une variante : l'astronaute bricoleur. Il croit qu'il réalise de grandes choses mais le rayon d'action de ses capacités techniques ne dépasse pas le contenu de sa trousse. Il démonte systématiquement les stylos, les spirales des cahiers, les montres, et plus généralement n'importe quel mécanisme avec un goût particulier pour les ressorts. En une heure de cours, il a réalisé une fusée avec une cartouche de stylo et trois bouts de carton ; une batmobile avec un emballage de smarties, deux trombones et une demi-gomme.

Plus destructeur que constructeur, il lorgne avec appétit tout nouveau stylo pour en désosser le mécanisme de rétractation de la bille. Notre McGyver oubliera volontiers son cahier, son livre voire sa tête, jamais son agrafeuse, son tube de colle, son cutter et quelques ressorts, en cas.

Le lèche-cul

Un classique. La logique voudrait qu'il en tirât un bénéfice mais non...

Collabo par vocation plus que par intérêt, ses motivations restent mystérieuses. Le prof goûte peu cet allié encombrant et autoproclamé qui coûte plus qu'il ne rapporte. Personne ne lui a demandé de s'intéresser tellement au cours qu'il en vienne, à force de questions circonstanciées, à pousser le prof jusqu'à sa limite d'incompétence, c'est-à-dire à lui poser des questions auxquelles il n'a pas de réponse. Ce que le faux jeton odieux fait à dessein, lui le fait benoîtement.

Le livre ouvert à côté du cahier, il va de l'un à l'autre pour ne pas en perdre une miette, intervenant sans arrêt pour combler les oublis du prof et illustrant à merveille ce qui sans doute inspira Jean de La Fontaine pour décrire la mouche du coche. Comment lui en vouloir ? Il veut vous aider malgré vous contrairement au pédant cheap qui, en se mettant en valeur, roule pour lui.

Il a l'allégeance au pouvoir dans le sang. Au Moyen Âge, il aurait salué bien bas « not' bon maître » ; c'est un « Oncle Tom ».

Les autres le regardent d'abord comme un cas, une curiosité exotique, jusqu'au jour où l'intérêt amusé le cède à la franche haine quand il balance le nom des absents que le prof a oublié d'appeler ou lui rappelle que c'est le jour de l'interro écrite.

Tout le monde le conspue quand le prof, épuisé, donne un quart d'heure de pause, et que lui intervient : « Normalement, on n'a droit qu'à cinq minutes, là. »

Pourquoi va-t-il s'imaginer que je n'ai pas besoin, moi aussi, d'un quart d'heure de bulle ?

Il n'est d'aucune utilité. Si je m'absente pour faire une photocopie, je ne peux pas lui confier la garde de la classe : ce serait lui reconnaître une légitimité bien embarrassante pour plus tard et je risque, par amalgame, de prendre sur moi un peu de la haine qu'il concentre sur lui...

Je ne peux même pas me fier à son cahier pour savoir où j'en suis. Il est rarement bon élève et peu fiable. Sans compter les quelques fois où, pour le soustraire à la vindicte, on doit protéger sa sortie du cours comme un témoin à charge dans un procès de mafiosi.

Il ne semble pas comprendre que, sorti de l'école, le prof a droit à une vie sociale normale. Il vaut mieux éviter le café où il va déjeuner à midi, j'en ai fait l'expérience.

Un jour, abandonnant son menu à soixante-quinze francs, il vient me rejoindre, pensant que je dois m'ennuyer, seul avec mon sandwich à dix-huit balles, pour m'entretenir du Japon ou obtenir une précision sur la crise des fusées en 1962. Il s'imagine que rien ne me fera plus plaisir. Comme il me gonfle, les réponses sont courtes. Polies mais courtes. Suit un long blanc : il va décaniller, oui ou non ? Ça devient gênant...

Il se met à feuilleter le journal du jour et me branche sur l'actualité : « Et vous, qu'est-ce que vous pensez de l'euro ? »

Je louche ostensiblement vers sa table, histoire de lui rappeler qu'il a peut-être quelque chose en train de refroidir mais rien n'y fait. Même le diesel comprendrait plus vite !

Au bout d'un moment, je décode son comportement : il ne peut pas ignorer ma présence dans le même lieu que lui, cela serait insultant, donc il rapplique. Une fois qu'il est là, il ne s'autorise pas à prendre congé de sa propre initiative ; autre insulte à mon éminence... donc il reste, etc.

C'est un personnage malheureux, pris en tenailles entre le ressentiment de ses camarades et l'ingratitude des autorités. Qu'est-ce qui peut donc se passer dans sa tête ? Un goût immodéré de l'ordre ? Un sens perverti du travail bien fait ? Ou une propension au respect mal compris ?

Peut-être est-il simplement trop bien élevé.

Le dir com

Dir com (directeur de la communication) est le terme libéralo-branchouillard désignant l'individu qui, dans l'entreprise, est chargé de promouvoir son image (à l'entreprise). Ici, c'est le terme qui sied le mieux à cette sorte de dandy clinquant auto-promotionné qui, dans la classe, se charge de promouvoir son image (à lui).

Il passe plus de temps à expliquer ses mauvaises notes qu'à essayer d'en obtenir de bonnes, avec un certain succès, il faut le reconnaître, car savoir se vendre n'est pas le moindre de ses talents.

C'est souvent le seul élève dont on a fait la connaissance avant la rentrée, avant même de savoir que c'est un élève. Il a pris la peine de venir sur les lieux le jour de la réunion de prérentrée ou avec ses parents lors d'une démarche d'inscription au lycée, quand la masse des autres a préféré profiter des vacances jusqu'à la dernière goutte.

Habillé de saison, chandail Lacoste jeté sur les épaules et lunettes de soleil relevées sur la tête, il déambule dans les locaux, l'air assuré, et servi en cela par une apparence plus âgée. Il croise quelques profs qui le prennent pour un étudiant-pion ou le fils d'un autre prof...

À ce titre, usurpé par l'apparence mais pas par le mensonge, il se fera introduire par un vrai surveillant dans la salle des profs strictement interdite aux élèves. Là, il échangera quelques civilités avec la prof d'anglais, repérant au passage des informations primordiales pour lui comme les prénoms de certains profs inscrits sur leurs casiers. Ladite prof, abusée de l'avoir vu introduit par un officiel, ne trouvera aucune malice à lui offrir une cigarette.

Et le voilà fumant dans la salle des profs – archi-*verboten* aux élèves – devisant sur la nouvelle droite ou le dalaï-lama.

Techniquement, il est déjà en situation d'exclusion immédiate ; pratiquement, il ne peut avoir bafoué un règlement intérieur dont il n'a pas encore eu connaissance. Il n'a forcé aucune porte, n'a jamais menti, n'a fait qu'accéder à des invitations, certes suggérées par lui mais qui ont toujours l'apparence de la spontanéité, vu de loin.

C'est à ce moment-là que vous faites sa connaissance.

Vous voyez un jeune homme de bon aloi ; vous n'êtes qu'une mouche déjà engluée dans sa toile d'araignée. Surfant sur sa vague, il va vous faire parler du lycée, de vous-même, des collègues. Il vous repasse une couche de glu : « Chantal vient de me dire que... » La Chantal en question est la jeune prof d'anglais qui vient de quitter la salle des profs...

Quand vous le rencontrez à nouveau le surlendemain, c'est Jean-Michel D., élève de 1re B2, dix-huit ans, assis au quatrième rang.

Il sait que vous faites de la moto, que votre copine préfère les caleçons, que vous trouvez le directeur tatillon sur la tenue vestimentaire des profs et vous êtes pas dans la merde... Il a un vrai sourire au coin des lèvres. Vous, un rictus con.

Avec sa faconde, il pourrait bien inviter le colonel à prendre un pot après la manœuvre.

Rassurez-vous, ce n'est pas le faux jeton odieux qui va vous faire chanter. Envoyer les gens au goulag n'a jamais été bon pour les affaires et il n'est pas du genre à vendre des savonnettes avec un revolver. Non. Il vous a enduit de goudron, il va simplement essayer d'y mettre des plumes.

Un bon trimestre ne sera pas de trop pour vous dépatouiller de cette connivence mielleuse, quitter la gondole de supermarché pour rejoindre l'estrade du maître.

Vous ne pourrez humainement pas lui flanquer deux heures de colle ni le noter en dessous de 7 sur 20 jusqu'à la Toussaint, voire Noël. Pour une petite heure de boulot au mois de septembre, il a réalisé une bonne affaire.

Il est réglo, il n'en a parlé à personne. Son sens des intérêts bien compris de chacun lui fait préférer un bon deal à la victoire totale assortie d'un diktat.

Au milieu de l'année, quand un conflit violent oppose le prof au « bouc émissaire », il va se bombarder lui-même négociateur en appelant l'élève à la raison et le prof à la patience alors que personne ne lui a rien demandé.

Suivant le rythme des saisons avec des atours idoines, il sait se mettre en conformité avec l'environnement. Il sait aussi habiller les situations avec les mots qu'il croit efficaces. Il tape dans le glossaire des termes en vogue pour entortiller sa pensée dans une confiture à la mode.

À l'écrit, sa prose le trahit : selon lui, à Diên Biên Phu, l'artillerie viêt-minh est « performante », l'assaut est « fabuleux », le soutien aérien « génial », la résistance « pas évidente ».

Convoqué pour s'expliquer sur un bulletin désastreux, on lui demande combien de temps encore il pense dissimuler un 4,7 de moyenne avec des gesticulations publicitaires.

Ses parents venant de divorcer, il admet que « la conjoncture familiale défavorable ne peut suffire à expliquer un tel déficit de résultat ». Euphémismes au service d'une technique de communication bien connue : toujours être d'accord avec le client. Il pense que ça va résoudre le problème, donnant ipso facto la preuve qu'il est déterminé à continuer dans la même voie.

Toujours prêt pour le vernissage, le gaillard, sauf qu'il n'a pas la peinture.

Il a un sens animal du terrain. Dans l'exemple suscité, il n'était pas à l'aise en terrain hostile : gros dos et profil bas. Quelques jours plus tard quand une grève des transports vous immobilise devant la porte du bahut, il arrive opportunément avec sa 205 rouge à deux portes et vous invite à vous *driver* chez vous, rayonnant dans son domaine. Comme il doit prendre sa copine un peu plus loin, vous devrez vous contorsionner sous les fourches caudines de sa portière pour passer à l'arrière. Vous connaîtrez l'humiliation de lui demander la permission de fumer dans sa voiture, d'accepter une Dunhill à bout doré, de lui en allumer une au passage et de garder le paquet à son invitation pour faire bonne mesure.

Échaudé une première fois, vous le voyez venir avec ses gros mocassins. Mieux vaut décliner l'offre pour ne pas être englué trois mois supplémentaires.

Le rappeur inepte

Version moderne de l'adolescent boutonneux et mal élevé, il est persuadé qu'après avoir fumé son premier joint, barbouillé son premier tag et – pour les plus extravertis – consommé ses premiers rapports sexuels, il ne lui reste plus grand-chose à apprendre de la vie en général, plus rien du tout de ses profs en particulier.

On pourrait le croire immodeste. Que nenni. Il a simplement placé la barre très bas, ne prétend nullement sauter plus haut mais conteste aux autres la capacité à le faire.

Il ne prétend pas que le rap est une bonne musique à une ou deux notes, il se demande ce que Mozart a de plus.

Il ne prétend pas savoir beaucoup de choses, il se demande ce que les autres ont de plus.

Il a parfaitement intégré, sans jamais l'apprendre, cette antienne du néolibéralisme selon laquelle tout vaut tout.

Au centre de son vocabulaire de cinquante mots trône le mot « nul ». Son voisin a eu 4 à l'interro ;

lui a fait mieux, il a eu 2. Ses valeurs aussi inversées que sa casquette en font une machine à aspirer vers le bas. Trouver tout nul est le seul moyen de se retrouver lui-même normal.

Sa lecture viciée de l'égalité l'amène à une conception naturaliste de celle-ci. Comme le chante Claude Nougaro : « J'ai cinq doigts moi aussi, on peut se croire égaux. »

Des producteurs de disques aussi démagogues que cupides ont baptisé son tintamarre « culture rap ». Qu'est-ce que le clavecin bien tempéré a de plus ?

Et de plaider le droit à la différence.

Créer est devenu facile : il prend le disque d'un autre, lui inflige un couinement cyclique sur lequel il ânonne des borborygmes affligeants : le voilà devenu musicien et poète ! Qu'est-ce que Darius Milhaud a de plus ?

Et de plaider le droit au respect.

Il souille d'un tag misérable une surface au seul motif qu'elle est propre : le voilà peintre. Qu'est-ce que Chagall a de plus ?

Et de plaider le droit à la reconnaissance.

Des droits et des devoirs, il exige les premiers et ignore les seconds. Comparez dans son discours la fréquence des deux termes. Vous le surprenez assis sur le capot de votre voiture : il a « bien le droit de s'asseoir » ; vous lui demandez de faire silence pendant le film, il a « bien le droit de parler » ; vous lui demandez où est son cahier, il a « bien le droit d'oublier » ; de débarrasser la table : « bien le droit d'être fatigué », de baisser la musique à trois heures du matin : « bien le droit de s'amuser »...

Au moins, le « bouc émissaire », avec ses « c'est-pas-ma-faute », reconnaît qu'il y a quelque part une faute, même s'il en nie la propriété privée.

Le rappeur inepte est un poil plus arrogant. C'est la sentinelle vigilante de tous les droits qu'il bafoue pour les autres.

Si les deux zouaves arrivent en retard à cause de la même panne d'essence, le premier dira : « C'est-pas-de-ma-faute, m'sieur, je suis tombé en panne d'essence », comme si le réservoir avait une volonté propre et devait faire lui-même son plein avec ses petites pattes.

Le second, vindicatif, vous sachant démocrate, va sauter à pieds joints sur la corde sensible : « J'ai bien le droit de tomber en panne d'essence. »

Ce faux rebelle est au fond un fieffé conformiste qui s'évertue à ressembler à la caricature qu'on fait de lui.

Antimilitariste par convenance plus que par idéal, il dit détester les uniformes mais observez-les en groupe. Les codes vestimentaires sont respectés avec une rigueur que ne désavouerait pas un adjudant-chef. Le même jean grunge trop large tombant sur les mêmes Nike à neuf cents balles (plus pratique pour sauter la barrière du métro et pas payer le ticket), la même espèce de vêtement à capuche gris clair dont on ne sait s'il s'agit d'un survêtement avec lequel il dort ou d'un pyjama avec lequel il sort, les deux mains enfournées dans les poches latérales, le Walkman greffé sur les oreilles, la lippe pendante...

Ils ont résolu la question du clonage sans passer par la commission d'éthique.

On assiste même à des scènes surréalistes : une bande de rappeurs en fac-similé, assis sur les mêmes mobs, dans une posture voûtée identique et disposés selon une itération digne des chaînes de polymères, se moquant de l'uniformité des employés du Crédit agricole allant déjeuner. Ceux-là au moins sont contraints de s'habiller de cette façon et ont le bon goût de ne pas tous porter la même cravate ou les mêmes chaussures.

Cette furie identitaire héritée des tribus néolithiques les pousse à de véritables rites initiatiques.

La même casquette ne suffit pas, encore faut-il que l'intérieur de la visière soit verte, que celle-ci soit tordue en arc de cercle avec les deux pouces.

Les simagrées pour se dire bonjour se décomposent en trois ou quatre temps (tape dans la main, poing contre poing, coup de pouce sur le lobe de l'oreille...) et peuvent varier d'un pâté d'immeubles à l'autre.

Tout cela n'est ni nouveau ni bien grave mais qu'ils ne nous fassent pas péter des thèses sur le libre arbitre ou l'aliénation qu'on connaît déjà par cœur. Ni qu'ils en viennent un jour, à force de marquer leur territoire par des tags et par inertie des réflexes acquis, à flairer les pneus des bagnoles pour finalement pisser dessus.

Que les choses soient claires : ce n'est pas le fait de dire « je » qui est irritant. Cela suscite plutôt la curiosité sincère des sociologues.

C'est le côté donneur de leçons : « J'ai inventé la révolte, avant moi le déluge », pour finalement se mettre à la traîne des attitudes consuméristes les plus éculées, des comportements les plus suivistes.

Une variante : le rappeur-taggeur clanique ou ethnique trouvable à deux ou trois zones de carte orange plus loin.

En plus de la révolte, celui-là croit avoir inventé la politique.

Usant opportunément du discours tiers-mondiste, il est prêt à faire entrer les ayatollahs par la fenêtre quand les curés ont été mis à la porte. La preuve qu'il est révolutionnaire : tout le reste est fasciste ! Mais ce petit féodal ne s'encombre pas de principes quand il flanque une trempe à sa sœurette pour s'être attardée avec un gars qui n'est pas du clan.

Sa détresse n'y est pour rien : quand la bourgeoisie condamne Jean Valjean à vingt ans de bagne pour avoir volé un pain, cela ne l'autorise pas à prendre des libertés avec Cosette. En fin de compte, le commissaire Javert, dans la mort qu'il se choisit, est plus respectable que Thénardier.

Autre caractéristique : sa tendance à vouloir niquer tout ce qui bouge, à commencer par ta mère et ta race. Bizarrerie de l'époque, cette façon peu amène d'entrevoir les rapports avec autrui selon le principe de tenon-mortaise s'étend aux filles pourtant pas équipées pour ça.

Si on tient pour vrai le principe qui veut qu'on parle le plus des choses qu'on fait le moins, le garçon doit se sentir seul...

Il a donc inventé la politique mais refuse d'en faire, c'est-à-dire de militer. C'est nul et ça sert à rien. Son inculture politique est absolument totale, il a juste senti que ce vernis politique d'emprunt avait une résonance utile dans d'autres couches de la société qu'il pouvait rouler dans la farine. Il va donc incendier un bus fasciste, frapper son chauffeur nazi pour, dans la foulée, se plaindre devant quelque caméra complaisante de l'enclavement de la cité. Forcément, il n'y a plus de bus !

Une semaine après, la gloire arrive sous forme d'un aréopage de sociologues et d'intellos – tous appliquant le principe : « Mourir pour le peuple d'accord, vivre avec lui jamais » – qui mettront plusieurs mois dûment rémunérés à répondre à la question : « Pourquoi les bus ? »

Le pas de deux qu'il réalise avec son homothétique du Front national se reconnaît aux mêmes mots : « tous pourris », aux mêmes réflexes de solidarité clanique, l'un nourrissant l'autre...

Il y a dans ces lieux de vraies victimes : les gens qui y travaillent ou qui y habitent, et de vrais héros : l'éducateur, le prof, le jeune qui passe son bac, et peut-être même, j'ai peur de rien, quelques policiers...

Hamster jovial

Sur le thème : « L'école, terre de contraste », voici maintenant l'antithèse du rappeur inepte : le hamster jovial.

Du boy-scout il a la fraîcheur d'âme (d'où le nom emprunté à un célèbre personnage de Gottlieb), la curiosité volontaire vers le monde qui l'entoure, la sobriété vestimentaire. Il affectionne les chemises à col ouvert, aux arêtes nettes. Sa gamme de couleurs va du beige au bleu clair, avec quelques hardiesses vers le bleu marine ou le vert car ce sont les plus répandues dans la nature. Sa silhouette générale – coiffure, tenue – le rend facilement dessinable par la technique dite de la « ligne claire » (Hergé, Ted Benoit).

Le décalage par rapport à sa génération ne le gêne pas : insensible aux effets de mode, il a quelque chose d'universel qui résiste au temps.

Lui, tout l'intéresse, y compris les choses les plus simples. Le mot « nul » est gommé de son vocabulaire au profit du mot « chouette ». En conflit contre rien, il pense que ses parents sont des gens admirables, que les profs sont intéressants, les programmes utiles, l'avenir radieux et les filles bonnes camarades. Il est une synthèse de *Cœurs vaillants* et de *Tout l'univers,* pour ceux qui se souviennent de ces publications destinées à la jeunesse dans les années 50-60 et dont le moins qu'on puisse dire est qu'elles étaient très très saines.

Il trouverait sa place dans n'importe quelle société à condition qu'elle soit pionnière, dans n'importe quelle époque à condition qu'elle soit enthousiasmante.

Il accepte volontiers les devoirs sans réclamer les droits en échange. Il est positif, juste un peu collant parfois.

À *bas les élèves !*

Il est rarement bon élève, ce n'est pourtant pas faute d'avoir essayé ; c'est sa dispersion qui le rend brouillon. Il suffit qu'une mouche se pose sur la vitre pour qu'il soit intrigué par la structure de ses ailes, ce qui est captivant mais pas au programme. Il a, du rêveur, l'attitude, la didactique en plus.

Démarrant au quart de tour sur n'importe quel sujet – à condition qu'il soit édifiant –, il va proposer pour illustrer le cours de physique un atelier de construction de planeurs en balsa pour analyser les forces aérodynamiques. Ce n'est pas possible ? Peu importe, il reste encore les palans, les bateaux, les herbiers, les squelettes de chats en présentoirs, les cultures de bactéries pour ferment à yaourts, les gyroscopes et enfin les décors pour la représentation théâtrale de fin d'année.

Contrairement au monomaniaque-expert qui fore en profondeur, lui explore sans arrêt de nouveaux gisements.

C'est le type fair-play par excellence. Il ne discute jamais ses notes, admet les griefs. C'est un gosse en or, sans vice.

J'ai pu cerner la personnalité de l'un d'entre eux en rencontrant ses parents. Des gens stricts, austères et totalement respectueux envers la fonction de professeur. Son papa – officier de haut rang dans l'armée – semblait très préoccupé par les libertés que pouvait prendre son fils envers « monsieur le professeur », plus en tout cas que par ses résultats médiocres. J'ai compris que le garçon, à l'étroit dans le giron familial, voyait l'école comme une liberté : il y avait ses copains et pouvait y

72

côtoyer le monde des adultes – à travers les profs – dans une proximité qu'il n'avait pas ailleurs.

Il était tellement épanoui à l'école qu'il aurait bien voulu la prolonger le week-end : « Et si on allait au meeting aérien de La Ferté-Alais dimanche prochain, m'sieur ? », « Vous ne voulez pas qu'on vous file un coup de main à retaper votre bicoque à la campagne ? » ou encore : « Eh, m'sieur, qu'est-ce que vous faites pendant les vacances de Pâques ? »

Il vient d'avoir une idée, mais les vacances c'est sacré ! Filons !

Le morfal

Ce n'est pas un caractère au sens où cela ne détermine pas l'ensemble de ses rapports avec autrui, mais ce péché mignon accapare tellement son intellect qu'on finit par ne plus voir que ça.

Les trusts agroalimentaires peuvent lui élever une statue ! Il n'est pas seulement gros consommateur, ce qui ne suffirait pas à le figer dans le marbre, c'est surtout un représentant de commerce bénévole, un militant non stipendié de toutes les productions de cochonneries qu'un estomac humain peut digérer et qui font la fortune des dentistes d'abord, des spécialistes cardio-vasculaires ensuite. Il achète, teste, compare et recommande alentour. Le bouche à oreille prend là toute sa signification.

Bien que ce ne soit pas sa motivation première, il faut saluer dans le morfal le civisme de celui qui contribue à écouler les stocks de la Communauté européenne en graisses animales et végétales, céréales, sucre, lait, fruits et autres glutamates.

L'avantage de toutes ces barres, tablettes, pastilles, torsades, poudres, jus, pâtes est qu'on peut les avoir sur soi à tout moment, que leurs emballages aseptisés permettent un long séjour au fond des poches tout en conservant la masse malgré des anamorphoses spectaculaires surtout après le cours de gym, et qu'enfin ils procurent de la lecture pendant la mastication du sujet. Lecture évidemment plus intéressante que le bruit de fond émis par le clown qui s'agite sur l'estrade.

Leur taille les dissimule dans une main ; laquelle dissimule leur engloutissement aux yeux du prof : autant de vertus que n'ont pas le cassoulet ou la choucroute !

Le morfal mange aussi quand c'est légal, entre midi et deux. Il connaît même par cœur dans un rayon de sept cents mètres autour de l'école toute la cartographie des pizzas, panini et croque-monsieur disponibles dont il tient à jour les cartes de fidélité.

De la même façon qu'on reconnaît un célibataire aux pièces de cinq francs qu'il transporte en permanence pour le séchoir du lavomatic, on reconnaît le morfal aux mêmes pièces destinées au distributeur automatique de confiseries.

Quand il n'est pas penché sur un emballage de Carambar pour en lire la blague, ni un papier de Malabar pour en découvrir la charade, il est occupé à se coller le faux tatouage-cadeau de je ne sais quelle cochonnerie en vente libre aux mineurs. Non contents de les camer aux lipoglucides, les trusts alimentaires les marquent.

Plus que du chocolat, de la réglisse ou simplement du sucre, il mange des formes et des couleurs. Après le pingouin rouge fluo, il essaie un Simpson jaune translucide (Bart par exemple) pour conclure sur un Velociraptor glauque. Ses en-cas (pour lui, c'est toujours le cas) à l'effigie des héros modernes ou des grands événements culturels de la période (la Coupe du monde, *Le Roi Lion*, *Godzilla*, etc.) l'habituent à percevoir la culture par les yeux d'abord, la bouche ensuite.

Heureusement tout ceci aura une fin. Délaissant le tout-comestible pour garder la ligne à cause des filles (ou inversement des garçons), il va se libérer de cet esclavage pour commencer à fumer.
D'abord des cigarettes, et plus si affinité...

Delphine, comédienne

Delphine est une gentille jeune fille à l'apparence agréable.
Elle sait alterner les tenues coquettes et les jean-pull-baskets confortables, plus pratiques pour aller au lycée.
Elle est complètement dans son époque et s'entend plutôt bien avec les gens : il suffit de savoir les comprendre.

Elle s'est payé la moitié de son scooter pour avoir son indépendance et fait des projets pour les vacances.

Elle préfère ce qui est spontané à ce qui est convenu. Ce qui lui plaît chez un garçon, c'est qu'il sache rompre la routine comme aller au cinéma le mardi soir par exemple.

Elle est plutôt bonne élève mais elle pense qu'avoir des diplômes ne prouve pas qu'on soit intelligent.

Elle aimerait bien prendre un petit studio avec sa copine Vanessa pour réviser et grignoter ensemble.

Elle pense qu'on ne devrait pas juger quelqu'un avant de le connaître vraiment.

Elle préfère un prof sympa plutôt qu'un qui suit bêtement le programme.

Parler politique ne sert à rien si c'est pour répéter ce que disent les parents ; mieux vaut se faire son opinion à soi.

Elle pense que c'est pratique d'avoir de l'argent pour se payer une petite folie de temps en temps et se faire plaisir.

Elle pense qu'il ne faut pas polluer la planète et qu'il suffirait pour cela que chacun en ait conscience et fasse un effort.

L'euro, au début elle n'y croyait pas trop mais elle trouve que c'est une bonne idée.

Elle pense que les baleines ont autant de droits que nous sur cette planète.

Elle aimerait avoir un petit chat, mais à Paris, elle ne peut pas : il serait malheureux et ça serait égoïste.

Eux

Elle trouve qu'on devrait faire quelque chose contre les mines antipersonnel.

Elle est d'accord avec le dalaï-lama sur la question de la violence : ça ne résout rien.

... C'est comme la drogue. On ne peut pas traiter des malades comme des délinquants et puis l'alcool est aussi une drogue, si on va par là...

Le drame de la Bosnie l'a beaucoup affectée : tant de barbarie si près de chez nous alors qu'il suffirait que chaque communauté respecte l'autre.

Elle pense qu'on ne devrait pas laisser des jeunes en prison sans leur donner une deuxième chance surtout que c'est souvent une question de milieu social qui les a poussés dans la délinquance.

Par rapport au sida, plus que la maladie elle-même c'est l'indifférence des gens qui est terrible.

Elle pense que c'est pas parce qu'on est policier qu'on peut tout se permettre.

Chacun a le droit d'avoir ses opinions mais les sectes jouent sur la confusion avec la religion : il ne faut pas confondre convictions religieuses et manipulation des esprits.

Elle pense qu'un ordinateur n'arrivera jamais à faire ce que fait un être humain.

Elle pense que la ghettoïsation des homosexuels est une exclusion aussi condamnable que n'importe quelle autre.

Entre sa chambre et la salle de bains, elle a soixante-douze flacons différents. Dans sa sacoche, elle n'oublie jamais sa bouteille d'eau minérale parce que c'est important d'éliminer.

Elle est aussi comédienne, elle prend des cours de théâtre.

Elle a dix-sept ans. Face à la glace, elle sort d'elle-même pour se regarder être à dix-sept ans et saisir le temps présent du point de vue de l'avenir.

« J'avais dix-sept ans », pense-t-elle en revenant au moment dont elle parle pour jouir doublement du spectacle.

À la question de savoir si elle est heureuse, elle répond oui.

À la question de savoir si elle est libre, elle répond oui.

Énigmatique personnage...

5.

Leurs tactiques

Voyage au pays du baratin

Qu'est-ce qui détermine un caractère et en quoi celui-ci, une fois formé, est-il décisif pour le restant de l'existence ? Je ne sais.

Les caractères précédemment décrits sont déjà dessinés depuis l'adolescence – voire l'enfance – et se rencontrent ensuite dans la vie de tous les jours.

Les tactiques, elles, traversent les caractères en diagonale.

Les « coups », comme je les appelle, sont des modules opérationnels de raisonnement fonctionnant comme autant de tactiques pour se sortir d'une situation donnée, généralement embarrassante pour son auteur.

Certains caractères affectionnent des « coups » particuliers – comme le « bouc émissaire » et le coup du « c'est-pas-ma-faute » – mais, généralement parlant, les « coups » sont assez bien saupoudrés sur l'ensemble des élèves, tous travers confondus.

Voyage au pays du baratin.

Le coup du « c'est-pas-ma-faute »

À tout seigneur, tout honneur, le coup du « c'est-pas-ma-faute », indétrônable numéro un au hit-parade de l'irresponsabilité. Le ressort en est simple : donner comme excuse ce que précisément on vous reproche. Démo :

« Pourquoi t'as pas ton cahier ?

– C'est pas ma faute, m'sieur, je l'ai oublié. »

Si, quand il a oublié, c'est pas sa faute, on voit pas quand ça pourrait l'être !

L'oubli du cahier doit être une sorte de concept autonome, planant comme un mauvais esprit qui hante la classe, choisissant à sa convenance de frapper un élève innocent comme la nuée, portant l'orage, se décharge de l'éclair. Idem pour la panne d'essence, la confusion de sujet à l'interro, l'erreur d'emploi du temps, retards et oublis en tous genres.

À force de conviction, on arrive vers le mois de novembre à éradiquer peu ou prou les « c'est-pas-ma-faute » trop liés à une évidente et pleine responsabilité.

Viennent alors les variantes : on n'oublie plus son cahier, on l'a mis dans le mauvais cartable, ou on en a pris un autre à la place ; translation de l'oubli à la confusion.

Aux alentours de Noël, il leur faut déployer des trésors d'imagination pour diluer la responsabilité sur autrui, mais c'est bon signe : l'idée même de responsabilité a droit de cité. Un simple retard est plus long à négocier : c'est la faute à la grand-mère chez qui il a dû aller dormir et qui a remonté le réveil qui n'a pas sonné...

– Vers le mois de février, ils renoncent à utiliser le vocable c'est-pas-ma-faute tant il a mauvaise presse, mais l'ablation du mot n'enlève pas la chose : ils n'ont toujours pas renoncé à présenter comme excuse ce que précisément on leur reproche. Surpris à pomper sur le voisin, untel déclare : « Je pompe pas, m'sieur, c'est juste parce que je ne me souviens plus du nom du président américain... »

Quel contenu donnent-ils au mot « pomper » ?

À quoi sert donc l'interro sinon à distinguer ceux qui ont appris des autres ?

Réitérant alors la même dichotomie qu'entre faute et responsabilité, ils établissent un distingo subtil entre apprendre et se souvenir, l'un et l'autre n'ayant évidemment aucun rapport.

« J'l'ai appris, m'sieur, mais j'me souviens plus ! »

Quel contenu donnent-ils au mot « apprendre » ?

Il faudra attendre les premiers bourgeons (sur les arbres) pour qu'ils admettent qu'excuse valable et prétexte fallacieux sont deux choses différentes, les premières rarissimes, les secondes pléthoriques.

Arrive alors un nouveau dans la classe, renvoyé d'un autre établissement, vierge de mes codes d'utilisation. Ça ne rate pas : au premier cahier oublié, il me sort sa salade, l'impubère :

« Pas ma faute, m'sieur... »

Les autres, nubiles en comparaison, rentrent la tête dans les épaules en lui adressant, à lui, des regards de compassion et à moi, des appels à la

clémence. Il est le seul à ne pas comprendre pourquoi un silence monacal s'est posé sur la classe.

Allez, rebelote... Heureusement que j'ai gardé
mon sens ludique intact...

Tous les élèves sont consommateurs occasionnels
du « c'est-pas-ma-faute ». Seul le « bouc émissaire »
est un camé.

Le coup du « je-sais »

Autre bataille perdue d'avance par le prof tant
chaque tête coupée de l'hydre repousse sept fois.

À côté de celles d'Avogadro ou de Planck, il doit
exister dans la nature une constante de raison
inverse liant le parasite et « j'ai droit », l'irresponsable et « c'est pas ma faute », l'ignorant et « je
sais » ! Démo :

Je parcours les travées de la classe en jetant un
coup d'œil sur les notes prises quand, repérant un
s qui manque au pluriel, je pointe le doigt dessus.

« Je sais », dit l'élève qui ne lève pas le petit doigt
pour corriger la faute. Je lui demande de corriger
maintenant.

« Oui, mais je sais », dit-il, irrité !

Il ne voit pas pourquoi il corrigerait là, maintenant, tout de suite puisqu'il « sait ». Comme si le
fait de savoir qu'il y a des fautes les supprimait.

Ça lui fera une belle jambe, le jour du bac, de
tout « savoir » mais d'être recalé quand même
parce qu'il n'aura pas su en faire la preuve.

Oui, ça aussi, « il sait ».

Je lui demande d'arrêter cinq minutes de répéter « je sais » comme un disque rayé car cela ne résout pas le problème de savoir qu'il y a un problème...

Il « sait » toujours...

De deux choses l'une : soit je joue ma carrière en l'étranglant, soit je prends une grande poignée de recul en me disant que j'en ai vu d'autres, qu'il y a des choses plus graves : la couche d'ozone, le maire de Vitrolles, la myopathie...

Comme il voit que je ne suis plus dans une veine humoristique, il croit se sortir d'affaire avec un truc qui m'énerve encore plus :

« De toute façon, le jour du bac je ne ferai pas la faute. » Il a décrété.

Je repense à ces centaines d'élèves qui, à l'oral du bac, séchant sur une question, s'exclament en entendant la réponse :

« Ah oui, je le savais. »

Ben non, coco, tu le savais pas ! Sinon, il fallait le dire.

Les mêmes qui, après l'échec, savent à merveille l'expliquer :

« C'est parce que je n'ai pas répondu à telle question. Et, en plus, je le savais ! »

Quel contenu donnent-ils au verbe « savoir » ?

Gros utilisateurs du coup du « je-sais » : la conne oiseuse, le dilettante doué, le rappeur inepte.

Utilisateur occasionnel : le pédant cheap.

Ne l'utilisent jamais : le diesel, le dir com, Hamster jovial qui remplacent systématiquement « je sais » par « vous avez raison ».

À bas les élèves !

Le coup du « j'ai-tout-mis » et ses corollaires

Voici la scène. Le prof rend les copies, ils sont tous là : le pédant cheap, le diesel, le lèche-cul, l'astronaute, le dilettante, etc.

Chacun reçoit les copies à sa manière. Le diesel qui s'attend toujours au pire est candidat aux bonnes surprises ; le rappeur inepte se contrefout de sa note (de toute façon, c'était une interro nulle...) ; Queue-de-cheval ne consent à s'intéresser à sa copie qu'au-dessus de 12, en dessous elle escamote avec mépris la feuille pour se concentrer, miroir en main, sur un vilain point noir au bout du nez ; l'astronaute saisit sa copie comme un automate, le regard perdu : *do not disturb* ; Hamster jovial la plie pour en faire un avion en papier ; le dir com prend acte de ce document intéressant et s'essaie à une analyse graphologique du prof pour noyer le poisson...

C'est le pédant cheap qui va me faire le coup.

Il a 7 sur 20. Il s'attendait à 15 minimum ! Il regarde sa copie, incrédule, la tourne, la retourne, jette un coup d'œil sur les voisins : normalement, si lui a 7, tout le monde a 2. C'est pas le cas. Bon, sa religion est faite, il y va :

« M'sieur, j'comprends pas, j'ai tout mis. »

C'est le « tout » qui est intéressant. S'agit-il de tout le savoir humain accumulé sur le sujet ? S'agit-il de tout ce que j'ai dit en cours ? Ou, plus modestement, de ce qu'il a cru retenir de ce qui est écrit sur son cahier ? Renseignement pris, il s'agit de tout ce qu'il a écrit sur son cahier, et encore... Une demi-douzaine de banalités qui se battent en duel. Il ne voit aucune raison pour laquelle il n'aurait pas tout appris de ce qu'il y avait dans le cahier et pourquoi ce dernier ne contiendrait pas tout du cours. Il s'est spontanément décerné un satisfecit : 100 % de rendement, 0 % de pertes !

Finalement nous tombons d'accord sur un compromis : pour moi, il a tout mis de son cahier qui vaut donc 7 ; pour lui, son cahier étant irréprochable, c'est mon cours qui vaut 7 !

Variante du « j'ai-tout-mis » : « le prof ne sait pas noter ».

Gros clients : Queue-de-cheval, le pédant cheap, le cloporte, le bouc émissaire.

Le coup du « j'ai-tout-mis » a une connotation technique neutre, bien que celui qui l'utilise soit à la fois juge et partie. Sa variante : « il ne sait pas noter » constitue déjà un jugement de valeur. Un pas de plus dans le procès d'intention est franchi avec le corollaire des deux premiers. C'est le coup du : « le prof peut pas me blairer ». Le bouc émissaire en use et en abuse : c'est son fonds de commerce. Mais la tentation est si grande de tenir en une si courte phrase l'explication de tant de choses qu'elle est pratiquée par beaucoup d'élèves. C'est le joker qui permet de court-circuiter toute réflexion honnête sur de mauvais résultats. Le *deus ex machina* sauvant l'élève d'un mauvais bulletin, d'un renvoi de trois jours ou d'une convocation devant le conseil de discipline.

Cette locution est généralement précédée de

« de toute façon », indiquant que l'élève n'a pas ménagé ses efforts ! Il a écouté, pris des notes, étudié : une vraie petite Mère Courage ! Mais aussi sûrement que le chat retombe sur ses pattes et que tous les ruisseaux vont à la mer, « de toute façon, le prof peut pas me blairer », alors franchement, à quoi bon ?

À part Hamster jovial qui prend tout bien, rares sont les élèves qui n'ont pas un jour cédé aux sirènes de cette facilité.

En plus, ils sont paranos.

Le coup du mensonge éhonté

Les élèves ont souvent les mêmes caractéristiques que les adultes élevés au carré. Cette fonction en x^2, définie pour tout x dans le sens des défauts, semble tendre vers $+$ l'infini. Aucune valeur interdite par le domaine de définition ; aucune asymptote raisonnable qui en limiterait la croissance vers une valeur finie.

Ainsi en est-il du mensonge éhonté qui présente au moins cette vertu de susciter chez le prof un regain de foi dans les capacités créatrices du cerveau humain, lui qui se croyait définitivement vacciné contre toute surprise par la routine.

Le mensonge éhonté est, par sa démesure, la balle dum-dum qui perce la peau de rhinocéros du vieux maître blasé d'avoir, croit-il, déjà tout entendu.

Jugez-en par cette anecdote qui m'a été racontée par un prof de maths.

Le collègue rend des copies. Un des élèves, égaré par la rage d'avoir une mauvaise note, déchire sa feuille sans qu'à ce moment-là le prof ne le remarque. Les élèves sont invités à consulter les devoirs avant que, exceptionnellement, le prof les ramasse à nouveau car il doit en consigner les notes sur le bulletin trimestriel. Panique de l'élève qui ne sait plus quoi faire avec une moitié dans chaque main. Le prof approche, pas le temps de les recoller, encore moins de les recopier. Impossible de balancer un pipeau bas de gamme genre : je l'ai oublié à la maison ou c'est mon petit frère qui l'a déchiré. Il opte donc pour le pipeau de haut vol, le mensonge éhonté :

« Je ne comprends pas ce qu'il s'est passé, m'sieur, elle est tombée, elle s'est cassée ! »

Amusant, non ?

En voici une autre qui date de l'époque où j'étais surveillant d'internat.

C'est la dernière nuit passée au collège avant les vacances de Noël. Les élèves de la sixième à la troisième sont particulièrement excités et décidés à faire la nouba dans les dortoirs jusqu'à épuisement physique, ce qui risque d'être assez long.

De ma chambre, je les entends sauter et crier pour disparaître tels des ouistitis à l'approche du tigre dès que je passe la tête par la porte. Vers deux heures du matin, un fracas épouvantable me tire de mon demi-sommeil. La question que je me pose n'est pas : qu'est-ce qu'ils ont pu casser ? (ils peuvent tout casser) mais : qu'est-ce qui, en se cassant, peut faire autant de bruit ? La réponse se trouve dans la salle d'eau.

Des huit lavabos alignés, un a été projeté par terre en mille morceaux sur le carrelage, moignon pendouillant au bout des tuyaux d'arrivée d'eau tordus mais heureusement pas sectionnés. Les deux solides cornières de scellement encore solidaires du lavabo sont arrachées du mur comme deux énormes molaires. Un faisceau de suspicion me guide vers les rugbymen de l'école (ça se passe dans le Tarn), pourtant le lendemain, contre toute attente, c'est un chérubin de cinquième, de trente-cinq kilos et un mètre vingt-cinq au garrot qui vient se livrer.

Avec sa tête à faire des pubs pour Mixa-Bébé, il m'explique, au summum du sérieux, que se sentant mal, la tête lourde, il est allé dans la salle de bains se rafraîchir. En s'appuyant sur le rebord du lavabo, la tête lourde (c'est lui qui insiste), celui-ci s'est détaché et est tombé par terre...

Je rigole un bon coup et lui explique que, même lourde, une tête ne suffit pas, à moins d'être nucléaire. Comme il l'a encore sur les épaules, je lui conseille un autre système de défense face au surveillant général qui n'aura pas forcément l'humour requis pour goûter la plaisanterie, vu l'ampleur des dégâts. Confiant dans la justice de son école, il a affronté le surveillant général, le censeur, le proviseur sans varier d'un iota : Fatigué... tête lourde... lavabo par terre. Il en est même devenu par la suite une référence : à chaque fois qu'il passait une porte, on lui demandait de bien viser le centre...

En vérité, ils étaient montés à six sur le lavabo

pour voir si les normes françaises n'usurpaient pas leur réputation. Lui fut la petite surcharge pondérale qui eut raison de l'ensemble. Beau joueur, il en accepta la responsabilité comme accepte de perdre celui qui, sur le château de cartes, a placé la dernière avant l'issue fatale.

Le coup de l'hyper-philosophe

Ce coup requiert une dextérité particulière dans la duplicité du discours et la fourberie des intentions. La grosse artillerie de la manœuvre, son canon de 75, consiste tout à coup à poser la question du pourquoi ? voire à ripoliner cette candide question d'une couche de laque aux reflets plus philosophiques : à quoi bon ?

Le principe est excellent qui immisce le doute dans l'action, à la condition que le premier n'inhibe pas la seconde, et il est funeste de décourager le jeune qui, avant même d'avoir lu *Le Mythe de Sisyphe* de Camus, en a saisi la substance et s'interroge sur l'absurdité de l'existence. Seulement quoi ? Ce doute philosophique ne l'assaille que lorsqu'il s'agit d'arriver à l'heure, prendre des notes ou répondre à l'interrogation écrite ; jamais pour taguer la table, mâcher du chewing-gum ou pomper sur le voisin, autant d'activités peu utiles à la paix de l'âme ou à la synthèse des protéines.

Pomper sur le voisin est un cas intéressant. « À quoi sert cette interrogation ? » demandera notre philosophe qui, n'ayant réussi à y surseoir, se mettra à pomper à s'en distordre le nerf optique, démontrant du coup l'inanité de sa question car si l'interro est philosophiquement frappée de nullité, a fortiori pomper pour elle. Cette quête d'universalité intemporelle cache mal son but véritable, personnel et immédiat : « Moi, ici, pas vouloir en foutre une ramée. »

Se creuser la tête creuse l'estomac. « Mac Do » et Coca en batterie, voilà notre philosophe opportuniste dans sa kitchenette. Hurlement du prof et riposte socratique de l'affreux, fallacieusement marquée au coin du bon sens : « Pourquoi manger empêcherait d'écouter ? »

À l'innocent la bouche pleine, cette naïveté feinte de celui qui ne comprend pas pourquoi on lui reproche de poser des questions ? Pas le prof, pas à l'école...

Faux cul, va...

Le coup du « normalement »

Lorsqu'on ne sait pas à quoi s'en tenir avec la réalité, celle-ci se charge généralement de vous renvoyer l'information par Interflora en cas de succès ; en pleine gueule en cas d'échec. C'est ce que les économistes appellent « la vérité du marché » ; les militaires « l'issue de la bataille » ; ce que le dragueur appelle « un rencard » ou « un râteau ».

La sanction de la réalité est toujours incertaine et, tant qu'on n'a pas payé pour voir, un doute plane sur l'avers des cartes de l'adversaire. En construction aéronautique, même avec une parfaite connaissance des matériaux, des circuits de sécurité redondants, des simulations de catastrophes surréalistes, des vérifications superfétatoires, le cent pour cent n'existe pas et des avions continuent à se casser la figure sans l'aide de missiles Stinger.

Quiconque a, un jour ou l'autre, été chargé d'analyser un système pour en circonscrire les risques sait qu'il doit tenir compte du « syndrome de la pire catastrophe », c'est-à-dire évaluer le comportement du système en cas de cumul des situations défavorables, même si le taux d'occurrence est minime. Ça n'est qu'à ce prix qu'on peut se forger une relative certitude. Ainsi va le monde.

Les élèves vivent dans un autre monde.

Celui, ouaté, des conditions normales de température et de pression, de Peter Pan sans le capitaine Crochet, de Titi sans Gros-Minet, ou, dans les films d'épouvante, Le Pen sans Mégret.

Ils semblent ignorer que se donner les moyens de réussir, c'est forcément dans les conditions de l'aléatoire et de l'adversité, et pas quand tout baigne.

Que penser d'un joueur d'échecs cumulant les défaites mais toujours content de lui, expliquant que, si l'adversaire n'avait pas déplacé sa tour en G 7, il aurait gagné ?

Que penser d'un général défait mais superbe, expliquant que la bataille était virtuellement gagnée, n'était le fourbe assaut de l'ennemi sur ses concentrations de troupes la veille de l'offensive ? Comme s'il n'y avait pas, en face, une volonté autonome, adverse et imprévisible.

Cette attitude de dédouanement automatique,

cet espace de Schengen de l'autosatisfaction est facilement repérable chez les élèves dont les phrases commencent par : « Normalement. »

In vivo, cela donne ce qui suit.

Je fais passer un oral de bac blanc. J'interroge des élèves d'une autre section tandis que mes élèves sont interrogés par un collègue. L'élève sèche.

« Normalement, explique-t-il, on ne devrait pas être interrogés sur cette partie du programme, notre prof nous a déjà interrogés dessus la semaine dernière, je ne l'ai pas révisée. »

En quoi ça me concerne ? Ils s'imaginent que, le jour du bac, les sujets tiennent compte des impasses ? Idem en physique où il est question d'une voiture dont les freins lâchent dans une descente :

« On l'a pas fait en cours ! Normalement, on devait être interrogés sur des boules et des plans inclinés. »

Chacun aura compris que ceci est une illustration de cela mais, dès qu'on sort de la stricte répétition de la question de cours, la question cesse d'être « normale ». Ou encore :

« Normalement, on devait être interrogés sur les suites mathématiques mais le prof nous a sorti une histoire de balle de ping-pong qui rebondit... »

Pour les non-matheux, sachez que les rebonds successifs d'une balle illustrent la suite mathématique de raison comprise entre zéro et un.

Combien de fois a-t-on entendu les recalés nous dire :

« Normalement, j'aurais dû l'avoir. Normalement, le Japon, ça devait pas tomber cette année. Sinon, je savais tout, etc., etc. »

Vous imaginez le gnou dans la savane : « Je vais boire un coup à la rivière. Normalement, le lion dort à cette heure-ci. »

Le coup du « futur hypothétique » et dérivés

Si vous me connaissiez vous sauriez que je ne suis pas exactement un punk. Pourtant, à force de tortures, mes élèves m'ont amené à me sentir solidaire des émules de Sid Vicious et à partager leur célèbre slogan : « No future ! »

Au départ, je n'avais rien contre le futur, j'étais plutôt pour. Mais le futur des élèves n'est pas celui des visionnaires, il est celui des spéculateurs.

Voyage dans le temps.

Face à la faute, l'élève ne la corrige pas tout de suite (voir Le coup du « je-sais ») parce que, dans sa tête, est ancrée l'assurance que, le jour de l'interro, il ne la « fera » pas. Ses devoirs sont sans plans, pleins de fautes et mal présentés, mais pourquoi flipper ? Le jour du bac, il « aura » remédié à tous ces problèmes.

« Oui, je sais, yaka faire un plan, yaka pas faire de fautes, yaka laisser une marge... Vous en faites pas, m'sieur, le jour du bac, je "ferai" tout comme il faut. » Le « vous-en-faites pas » déjà signalé est un des signes avant-coureurs de la catastrophe. Il indique seulement que son auteur, lui, ne s'en fait pas, reportant toute l'inquiétude sur vous. Il ne reste qu'à ajouter un ou deux futurs hypothétiques et on obtient l'équation funeste de l'inconscience tranquille.

Abusant du crédit, le débiteur inquiète son créancier à mesure que sa solvabilité fond comme neige au soleil. Cela commence par une faute qu'il « corrigera », un cahier oublié qu'il « aura » demain, puis un cahier égaré qu'il « rattrapera » avant les vacances, etc.

Le futur n'est pas pour les élèves un moyen de situer dans le temps une action, mais une ligne d'horizon qui, par définition, s'éloigne dans l'exacte mesure où on s'en approche. Ils ne se situent pas dans le futur, ils s'y vautrent comme les soldats d'Hannibal dans les délices de Capoue. Ce n'est pas la « ligne bleue des Vosges », objectif concret, c'est le « désert des Tartares », d'où rien ne vient jamais.

Après avoir mis hors la loi « je-sais », « c'est-pas-ma-faute », « vous-en-faites-pas » et « yaka », il me fallut inscrire un nouveau commandement aux Tables de la Loi : « No future. » À force de colmater les brèches, je finirai peut-être par avoir toute la pression dans le tuyau ! Naïf que j'étais ! À peine avais-je le dos tourné que mon peuple de l'école adorait un autre Veau d'or. L'incertitude dans l'espace s'était substituée à l'incertitude dans le temps et entretenait avec elle un rapport inversement proportionnel : puisqu'on devait désormais être précis dans l'échelle du temps, on serait évasif sur l'emplacement.

Nouvelle version du principe d'incertitude en mécanique quantique. Plus aucun élève n'osait utiliser autre chose que le présent pour parler de son cahier ou de son devoir qui, du coup, se trouvait à cet instant même à la maison, chez un copain, etc.

Le coup de la vertu outragée

C'est souvent un corollaire du mensonge éhonté. Quand la vérité ne peut plus être distordue au point de perdre face humaine, reste à se retrancher dans des casemates prévues à l'avance, qu'on appelle les « principes ». Comment imaginer qu'ils puissent mentir ou pomper ?

Là où le mensonge éhonté demande un système nerveux à toute épreuve, le coup de la vertu outragée requiert des dons dramatiques certains. Autant, dans le premier cas, la paupière doit rester immobile et le cheveu sec, autant, dans le second, larmes, trémolos et serments font partie du paquetage.

Le même, coincé avec ses six pages d'annales pompées sur sa copie et incapable d'en ressortir une seule phrase, peut toujours, s'il a renoncé au mensonge éhonté, s'en remettre à la vertu outragée.

Il n'a pas appris par cœur six pages ? Est-ce que, par hasard, j'insinuerais qu'il est un menteur ? On s'attend à ce qu'il crache trois fois par terre pour laver sa bouche d'un tel mot. Évidemment, je ne peux mesurer à quel point ce vice le dégoûte. Ai-je bien pesé la portée de l'insulte ? N'a-t-il donc si peu vécu que pour cette infamie ?

Le coup de la provocation tranquille

Mao Zedong a un jour écrit : « Pour connaître le goût d'une poire, il faut la transformer en la goûtant. » Gaston Bachelard a, lui aussi, dit quelque chose d'approchant : « On comprend la nature en lui résistant. » Cette formation d'esprit scientifique expérimental doit sûrement animer le provocateur tranquille qui, sans haine ni passion, teste le nouveau prof dans les deux à trois minutes après son arrivée en classe, à la manière d'un laborantin trempant des réactifs colorés dans une solution pour savoir si elle est acide ou basique, histoire d'avoir les infos nécessaires à la gestion du problème.

Le provocateur tranquille fixe le prof et commence à charger la disquette : taille, poids, élocution, tenue, etc., puis il rote... De préférence fort, toujours dans une expression d'égalité d'âme. Il n'en veut à personne ; il a simplement besoin d'évaluer : sanguin, nerveux, émotif, violent, dégonflé ?

Comme on ne fait pas deux fois une première impression, je suggère aux jeunes collègues d'anticiper ce genre d'examen pour ne pas rater leur entrée. Deux écueils sont à éviter : piquer une crise ou, à l'inverse, ignorer la chose. Pour éviter Charybde sans tomber sur Scylla, le mieux est d'abord de finir sa phrase comme si de rien n'était. Flic peut-être, mais prof d'abord ! Ensuite, l'air plutôt intéressé, vous traitez le cas :

« Heureusement que t'as pas pété, sinon c'était gaz à tous les étages ! »

Vous profitez du rire provoqué pour rebondir et enchaîner :

« Si jamais t'as une fuite en bas, tu t'occupes des Pampers, moi je m'occupe du cours. »

Tout s'est finalement passé sans drame : chacun a été replacé dans ses attributions, aucune punition n'a été distribuée, on a même rigolé, ce qui n'a jamais fait de mal à personne. Le gaillard a eu son info, le prof son baptême du feu : la routine...

On n'a pas toujours la présence d'esprit qui sied à ces moments, pourtant le principe reste le même : opposer à la provocation tranquille la force tranquille. Le style mitterrandien a fait ses preuves : tâchez de tenir encore deux ou trois septennats avant la retraite !

L'expérience montre que le provocateur tranquille n'est pas un agité dangereux. Au vu du départ sur les chapeaux de roues, on est même étonné de son calme dans les jours qui suivent. Il est juste un peu gonflé, mais nul besoin de lui en tenir rancune ; il voulait honnêtement savoir ce que vous aviez dans le ventre.

Le coup du « c'est-bon » et dérivés

Expression voulant traduire la grande lassitude de l'élève quand, après avoir été six fois odieux et quatre fois grossier dans le même quart d'heure, il goûte peu que le prof ait, en plus, l'outrecuidance de lui demander d'ouvrir son cahier au lieu de dormir dessus.

Déjà bien gentil d'accepter cette revendication exorbitante qui consiste à arriver à l'heure, de vivre cette humiliation qu'est le renoncement au walkman et de remettre à plus tard le pique-nique en classe, il se donne le droit de fixer les limites de l'arbitraire aveugle sans lesquelles le prof pourrait tout se permettre.

« Ouais, c'est bon ! » déclare-t-il, contrarié. Ce qui, en français sous-titré, signifie à peu près : ça suffit, maintenant !

Le coup du « c'est-bon » – et la mine contrariée livrée avec – est la version récente et mal élevée d'une autre expression aujourd'hui démodée : « Vous n'avez pas à me juger. » Celle-là, au moins, avait le charme désuet du fruit de la réflexion intellectuelle empruntée à un tonton gauchiste.

Sauf que le tonton gauchiste avait de bonnes raisons de l'utiliser. C'était dans les années 70, dans une France pompidolienne bien-pensante, avec sa télévision à une seule voix où une speakerine était virée parce qu'on avait vu son genou à l'écran et où *Paris-Match* dénonçait en couverture « les juges rouges » qui s'étaient mis en tête d'en finir avec les accidents du travail. On comprend aujourd'hui combien saine était la réaction contre ces jugements de valeur assommants vis-à-vis des cheveux longs, des jupes courtes et autres frasques.

La réticence à juger les gens connut ensuite un glissement quand, dans des documentaires sur la population carcérale, on occultait volontairement les raisons de l'incarcération – par peur de juger justement – pour ne plus voir que l'aspect sociologique du phénomène (thème en vogue : La prison, école du crime). Cela partait d'un bon sentiment mais le pas fut vite franchi d'oublier que les détenus étaient là où ils étaient pour quelques raisons tout de même, qui ne se résument pas à la stricte méchanceté de la société.

Le jugement de valeur – forcément « réac » – a fait un retour tout à fait hors de propos dans les années 80 à l'école quand le prof – quelquefois ancien gauchiste pris à son propre piège – ne pouvait plus annoter une copie avec des remarques telles que : « argumentaire non convaincant », « démonstration oiseuse », « mise en forme bâclée » ou « paraphrase stérile de la doc » sans que, tel un ludion refaisant surface, le vieil adage ne réapparaisse. Pas convaincant ? Stérile ? Oiseux ? Vous n'avez pas à me juger !

Bizarrement, cette expression a disparu au début des années 80, sans doute remplacée par « j'ai bien le droit » (voir Le rappeur inepte).

Si le mot a disparu des classes, la chose survit à la télévision où certaines émissions nous font ingurgiter linéairement le prostitué-travesti-drogué et le marquereau-tortionnaire et dans lesquelles le « sans jugement » n'est que le médiocre paravent du voyeurisme.

Je voudrais revenir, avant de passer à autre chose, sur le fameux thème : « La prison, école du crime » car, avant que la société tout entière ne pâtisse de quelque effet pervers d'un angélisme dévoyé, ce sont les profs qui, aux premières loges, en prennent plein la figure.

Évidemment, la prison est détestable ; évidemment, on y apprend de mauvaises choses ; évidemment, on doit d'abord éduquer mais, quand un mineur trois fois récidiviste pour vol de voiture (c'est-à-dire une douzaine de vols, en réalité) revient impuni dans sa cité, ce n'est pas l'école, c'est l'université du crime pour tous les autres.

À notre tour de dire : « Ouais, c'est bon. »

La pensée Schtroumpf

Les Schtroumpfs sont de petits personnages de bande dessinée, tous bleus, vivant dans de rustiques mais coquettes bicoques, pour qui les pires catastrophes se terminent toujours bien, comme le souhaitent les petits-nenfants. La chute du haut d'une falaise – généralement fatale pour quiconque – n'est sanctionnée chez les Schtroumpfs que par un bleu qui, bien entendu, ne se voit pas puisqu'ils sont déjà bleus au départ.

La monochromie de l'apparence est corroborée par un unique vocable – schtroumpf, justement – qui vaut pour presque tous les autres.

« Où ai-je mis mon schtroumpf à bille ? » dit le Schtroumpf qui cherche son stylo. « C'est à n'y rien schtroumpfer ! Je ne reschtroumpfe jamais mes affaires ! Peut-être dans le schtroumpf du bureau ? »

Le principe est simple, à la portée d'un enfant

de cinq ans. Le danger vient dix ans plus tard, non parce que les Schtroumpfs se sont mis à se droguer ou à voter communiste, mais parce que cette pensée en kit se traduit chez les jeunes d'aujourd'hui par un nombre restreint de mots polyvalents, clé à molette du vocabulaire, qui permet, à première vue, d'en signifier beaucoup en en disant peu.

Par exemple, dire de quelqu'un qu'il est « grave » signifie qu'il a fait quelque chose qui peut être considéré comme grave. « Milosevic est grave », sous-entendu : c'est un dictateur doublé d'un criminel. « Grave » convient également lorsqu'une caractéristique notoire est particulièrement développée : « Le prof porte un jean moule-bite grave », ou bien encore lorsqu'il faut s'attendre à des réactions qui dépassent la norme habituelle : « Le prof, ce matin, grave... » (anciennement : craignos). Tout cela reste vague, mais, entre initiés, le contexte fait le reste. Ça se complique quand l'adjectif devient adverbe : « On se fait chier grave ! », c'est-à-dire : beaucoup.

Face à « grave » : top délire ! En réduisant le champ lexical à deux de ses valeurs extrêmes, il devient difficile de régler le curseur sur des valeurs moyennes. C'est le défaut du « tout-en-un ». Les mots étant les outils de la pensée, certains pensent affiner celle-ci en hybridant ceux-là. Un nouveau CD n'est pas « réussi », il est « délire grave »...

L'effet obtenu devient l'inverse de l'effet escompté lorsqu'en en disant beaucoup on en signifie peu : un guitariste n'est pas « bon », il est « méga groove top délire grave ».

C'est grave, docteur ?

6.

Nous

Typologie des profs

Les profs sont au fond des gens comme les autres : deux bras, deux jambes, une maman. Tous les travers caractériels s'y retrouvent comme dans le civil sauf que l'école – cocotte-minute des situations – les rend eux aussi caricaturaux. Là non plus, les profs n'échappent pas à la règle.

L'école idéale sans élèves n'étant pas plus réaliste que l'école idéale sans profs, chacune des deux parties devra faire avec l'autre pendant encore un certain temps, comme dirait Fernand Raynaud.

Voici quelques types tour à tour cauchemars ou objets de moquerie aussi bien pour les élèves que pour leurs collègues.

Le jeune prof

Bleu bite dans le métier, il en est resté au schéma universitaire en décalage notoire avec la réalité d'une classe de troisième de transition en banlieue.

Il a bien quelques souvenirs personnels de potache mais son ennui était provoqué par des profs vieux jeu et des méthodes pédagogiques dépassées. Avec lui, ça va changer, il va passionner les élèves.

Inscrit en maîtrise d'histoire, il a obtenu du rectorat son premier poste et préparé fébrilement son cours en expurgeant tout ce qui paraissait rébarbatif, comme des suites de dates.

Il pense intéresser les élèves en leur présentant un débat d'historiens passionnant à partir de deux ouvrages de référence : celui d'Albert Soboul et celui de Pierre Miquel, deux sommités universitaires incontournables.

Il lui est apparu en particulier que le peu de cas que fait Soboul de la prise de la Bastille le 14 juillet 1789 dans son ouvrage sur la Révolution française traduit l'aspect plus symbolique que déterminant de l'événement. Belle occasion de soulever un point d'historiographie fondamental sur le signifiant et l'imaginaire en histoire. Il pense que le débat provoqué par la position de Soboul sur la prise de la Bastille jettera une lumière nouvelle sur l'insurrection du 10 août 1792, moins connue mais ô combien plus importante pour saisir les rapports entre les entités informelles du pouvoir – les sans-culottes en armes – et la forme juridique exécutive qui exerçait ce même pouvoir à ce moment-là.

En route pour l'école, il est excité à l'idée que, peut-être, la pertinence de cette question va révéler des vocations d'historien. Juste avant de franchir le seuil de la classe, il note en catastrophe sur ses feuilles l'intitulé du cours dont il a, à présent, bien cerné la problématique : « Légalité et légitimité dans les situations de double pouvoir : les sans-culottes face à la Convention girondine. » Il est content. Il entre en classe, envieux des élèves pour qui ce jour ne sera pas un jour comme les autres.

Emporté par son élan et pressé de lire l'enthousiasme pédagogique sur leurs visages, il néglige les préliminaires qui, dans ce domaine comme dans d'autres, sont plus importants que l'acte lui-même. Sans réciter donc la litanie habituelle – « ... Faites silence, prenez vos cahiers, notez grand 1, petit a, silence ai-je dit... » – il embraye directement sur LE débat :

« Nous allons parler aujourd'hui du livre d'Albert Soboul... »

Il ne finira pas sa phrase, interrompue par un rire spontané, total, généreux, sanitaire et irrépressible !

Sa braguette n'est pas ouverte, il n'a pas de chewing-gum collé dans les cheveux ni de morve étalée sur le revers du veston après un éternuement intempestif... Il commence à comprendre ce qui est drôle en mesurant les siècles qui séparent quinze et vingt-cinq ans.

« Soboul » est drôle parce que, dedans, il y a

« boule », et boule c'est drôle ! L'effet de surprise passé, reste à décliner la drôlerie, à jongler avec, à en épuiser le jeu des possibles : maboul, j'ai les boules, nique ta boule, ta mère en boule, bouboule, boulso, etc.

Atterré par la capacité affligeante des élèves à se contenter de peu, à condition d'en rire, le jeune prof comprend que ce jour ne sera décidément pas un jour comme les autres, surtout pour lui qui devra réviser à la baisse les objectifs pédagogiques. Le pire est à venir : il n'a pas corrigé encore une seule copie.

Sur le chemin du retour, dépité, le jeune prof préférera renoncer à citer Le Roy Ladurie, des fois qu'on lui demande où est passée la reine.

À ce propos, un conseil aux profs jeunes et moins jeunes : il est inutile, dans ce cas de figure, de faire la morale. Ce truc-là ne sert à rien sinon à obtenir l'effet inverse de l'effet escompté. Cette vieille fille de morale, qui ne connaît qu'un seul refrain : « Vous n'avez pas honte à votre âge... », ne fait qu'augmenter le coefficient de jubilation interne du cancre et vous vous exposeriez – pour toute récompense – à ce que les mêmes vous singent en ressortant le même refrain à l'occasion d'un gros mot lâché par inadvertance. Le faux jeton odieux et la conne oiseuse sont des spécialistes de la technique.

J'en sais quelque chose : malgré mon ancienneté, je tombe régulièrement dans le piège du discours paternaliste et moralisateur. Zéro pour cent de réussite.

À bas les élèves !

Les élèves sont, de ce point de vue, assez normaux : la preuve, ils réagissent comme nous dans le même cas. La dernière fois que j'ai dû essuyer un discours moralisateur, je me suis retrouvé aspiré vers le bas, dans la situation du gamin pris en train de piquer des bonbons.

Contrôlé à moto avec un casque non homologué par un policier bon père de famille, j'ai dû, pour éviter neuf cents francs d'amende et le retrait d'un point de permis, l'écouter me faire la morale :

« Vous savez combien il y a de morts chaque année... et en plus vous êtes prof... vous n'avez pas honte... » J'en profitai pour lui resservir tous les ressorts de la malhonnêteté intellectuelle testés et approuvés par les élèves : « Je sais... pas de ma faute... le ferai plus, m'sieur... etc. » Au moment où il a rangé son carnet à souche, occupé à me tancer, j'ai jubilé intérieurement en faisant mine d'être contrit. Une demi-heure après, je rejouais le même coup à l'envers avec mes élèves.

Faire la morale doit être un palliatif des crises de confiance en sa propre autorité, à usage interne uniquement.

Le vieil érudit

Le jeune prof qui pèche par excès de confiance en l'élève est un naïf. Le vieil érudit en est un autre qui n'a pas, lui, l'excuse de l'âge, ou alors à l'envers. Comme il est entré, il sortira de sa tâche édu-

106

cative avec la même virginité didactique sans avoir été défloré par le cynisme.

C'est une catégorie très concentrée chez les vieux profs de latin-grec mais on le trouve également en rayon musique ou français.

Imperméable à toutes sortes de quolibets, boucans, déconnades et coussins péteurs, il aime trop sa matière pour en décoller une seconde. Difficile de dire s'il se fait vraiment des illusions au sujet de la transmission de son art, vu la façon dont la joyeuse bande réagit en face. Il opte pour la même solution que Dieu face au dilemme de Sodome et Gomorrhe : s'il n'y restait qu'un juste, cela vaudrait encore la peine d'épargner la ville.

Ainsi, pour un gamin intéressé par *l'Iliade* ou les chants grégoriens, il gomme le bruit de fond et ignore les avions en papier des trente autres. Cent avanies sont lavées par le scintillement d'intérêt dans l'œil d'un enfant. Il consent à être de la confiture aux cochons à condition de trouver, de temps en temps, un diamant dans la mangeoire.

Cette capacité étonnante du vieil érudit à supporter l'enfer lui donne sûrement une place réservée au paradis. Quant à savoir si son entêtement sert à quelque chose, j'ai peut-être obtenu la réponse en questionnant un jour un de mes vieux professeurs doublement admirable pour son savoir, qui était grand, et son stoïcisme, inoxydable. Il me donna cette réponse... géologique :

« Quand, dans une grotte souterraine, de l'eau s'égoutte sur un bloc de granit, on croit que le granit est plus fort que la goutte d'eau. Mais au bout de milliers d'années, c'est le granit qui est creusé.

Même si on ne peut le mesurer sur le moment, chaque goutte d'eau a fait son œuvre. »

Le psycho-démocrate gogo

Le psycho-démocrate gogo n'a pas attendu le syndrome de 68 (voir Les buts de guerre) pour se faire rouler dans la farine, il est tombé dedans quand il était petit.

Sa sensibilité pédagogique à fleur de peau lui fait redouter, plus que tout, de commettre une injustice. Poussant la compréhension d'autrui jusqu'à la complaisance, il transforme le malin en victime et la démocratie en défaut.

Les élèves s'en régalent !

Quelques larmes de circonstance suffisent à transformer un zéro en cinq, le poids du livre à excuser l'oubli du cahier, le bris des lunettes à empêcher d'écouter. Il gobe tout. Le moindre frémissement de progrès d'un élève est fêté. Une moyenne qui passe de 3,5 à 3,7 est une bonne nouvelle ; un chahuteur est « créatif » ; une tricherie ne fait que traduire la volonté de trop bien faire. Bref, il prend tout bien. Il est le pendant chez les profs de Hamster jovial chez les élèves.

Véritable pierre philosophale qui transforme le plomb en or, il poussera les élèves à ne faire guère d'efforts pour changer leur état de la matière puisqu'il s'en charge. Quand il n'y a pas de problème, il va le chercher. Persuadé que toute copie vide traduit avant tout un mal-être, il veut tirer cela au clair et entreprend de réapproprier à l'élève une parole que celui-ci n'avait par ailleurs jamais perdue. Quand, de guerre lasse, l'élève avoue n'avoir pas appris sa leçon, il repousse avec irritation cette échappatoire trop facile. Il veut aller au fond des choses. Si, par manque de chance, le gamin n'a aucun papa alcoolique, aucune maman droguée, aucune sœur prostituée qui puisse rendre compte du dysfonctionnement, il devra se rabattre sur une vulgaire acné pour tenir enfin une explication. C'est un bon début. Le tabou de l'introversion a été esquinté.

Ce personnage, touchant par ses mobiles, est d'une redoutable inefficacité. Courant après tous les lièvres, il n'en rattrape aucun : ni n'éduque, ni ne sanctionne, ni ne soigne. Il a simplement un « gros succès d'estime » auprès des élèves, comme on dit des films que personne ne va voir.

Il a tellement bouffé de psychologie qu'il en a fait une indigestion. Avec un glossaire de trente mots, parmi lesquels « inconscient, transfert, compensation, pulsion, désir, désir du désir, etc. », il bricole des psycho-analyses en kit où tout peut être dit et l'inverse sans que rien, dans la réalité, ne vienne sanctionner l'une ou l'autre de ces propositions contradictoires.

Le même couteau à cran d'arrêt trouvé dans le cartable d'un élève peut, tour à tour, être un désir de phallus ou l'outil de la castration. Seule une pensée sommaire ne voit là qu'un délit. Une copie vide est, au choix, une façon de dire « je » ou l'aliénation d'une personnalité quand le *vulgum pecus* se contente d'une leçon non apprise.

Deux écoles sont représentées chez le psycho-démocrate.

Celui qui a suffisamment d'humour pour se moquer de lui-même et dont la spontanéité rachète la naïveté. L'autre, donneur de leçons, qui fatigue à force de se prendre pour le sage qui montre la lune quand les autres ne savent que regarder le doigt. Le premier est bon camarade, le second casse-couilles.

Le prof sadique

S'il est permis de perdre patience et de devenir cassant, tout le monde heureusement n'y prend pas plaisir au point de l'ériger en système de relations à autrui. Tout le monde sauf le prof sadique, que chacun a connu et subi un jour ou l'autre. À l'inverse du démocrate-gogo (voir paragraphe précédent), lui change l'or en plomb, de préférence fondu, qu'il fait dégouliner sur la piétaille.

Sans doute aigri par un métier pour lequel il n'est pas fait, il va déverser son fiel sur tout ce qui passe à portée de mépris, à moins qu'une inclination naturelle ne le pousse à ce vice. Il produit spontanément les anticorps qui l'immunisent contre le syndrome de mai 68.

S'il ne rate pas une occasion de répéter à l'envi que les élèves sont des abrutis, la remise des copies constitue le point d'orgue de son art. Il fait, à ce moment-là, des humiliations que d'ordinaire il sème à tous vents, un bouquet, et y trouve l'occasion de les concentrer toutes.

Pour sadique qu'il soit, il n'en est pas moins imaginatif. À chaque note infamante, son trait sardonique, adapté au cas par cas. Dans chaque galette, une fève ; pour tous, une couronne d'épines.

À celui qui en a mis six feuilles : « 2,5, dont deux points pour le papier. »

À tel autre, frappé d'embonpoint : « 1,5, mais que cela ne vous coupe pas l'appétit. »

À Martin, garçon connu pour ses attitudes équivoques : « Martin, 3 sur 20, ou devrais-je dire Martine tant l'accord en genre reste indéterminé ? »

Ou bien encore : « 2 sur 20, la culture vous traverse sans être digérée ; vous n'êtes qu'un œsophage sur une paire de fesses. »

Et ainsi de suite :

« 4,5, bien, en progrès ! Vous devriez atteindre 5 à la prochaine génération », « 3 sur 20, mais essayez d'écrire avec les mains plutôt qu'avec les pieds », « 5, j'ai vérifié : la date est exacte », « Oh oh ! 7 sur 20 ! Vous avez donc un nègre ? », « 18 ! Blanchard. (Blanchard est surpris.) Dix-huit lignes pitoyables qui valent 2 ! », « Garcia, 2 également. Essayez, je ne sais pas, moi, l'agriculture », « Lépervier, 4 sur 20, ce n'est pas en volant au ras des poules que vous allez pondre un neuf », « Vous appelez une copie cette chose que, d'ordinaire, on ne mélange pas avec les serviettes ? », « Votre style est scatologique ! Auriez-vous le cul plus intelligent que la tête ? », « Lafleur, 5, avez-vous songé à léguer votre corps à la science ? », « Meunier, faute de notation négative, zéro. Votre bonne santé m'inquiète ; avez-vous l'intention de vous reproduire ? », etc.

Variante politisée du sadique : le prof facho.

Secrètement partisan d'un eugénisme sévère, il pourfend sans relâche la déliquescence du tissu social, en attendant pire. Son raisonnement, toujours recommencé, tient en quatre points :

1. Un constat ponctuel affligeant.
2. Une généralisation par amalgame.
3. Une dénonciation du laxisme responsable par décryptage du complot.
4. Une solution simple, efficace et de bon sens.

Si, par exemple, un élève le bouscule dans l'escalier, il entre dans la salle des profs avec une véhémence calculée pour solenniser l'instant, façon de dire : « J'ai une importante communication à faire », et il vide son pot de glu :

« Je viens de me faire bousculer dans l'escalier par un élève qui, au lieu de s'excuser, a juste vérifié que son walkman fonctionnait toujours ! » (constat ponctuel affligeant).

« Alors, maintenant, les élèves ont tous les droits ! On ne peut plus emprunter l'escalier tranquillement. On n'a qu'à construire un escalier de service à l'extérieur du bâtiment pour les professeurs ! Pourquoi ils ne nous rackettent pas dans l'escalier avec des pit-bulls pendant qu'ils y sont ? » (généralisation par amalgame).

« Vous voyez où on en arrive à force de démissions successives ? Si les parents ne font rien et que la police s'en fout !... Et je ne parle même pas des ministres gauchistes qui leur distribuent des seringues propres et des capotes neuves » (dénonciation du laxisme responsable par décryptage du complot).

Pour le quatrième volet de la démonstration (une solution simple, efficace et de bon sens), cela devient difficile. Jusqu'en 1991, on pouvait encore « les envoyer en Russie pour voir s'ils font toujours les marioles ». Reste la solution des régiments disciplinaires pour quelques mois encore. Mais après ? La promesse évasive d'un homme à poigne ? Une comète déréglée ? Les islamistes au pouvoir ?

Ainsi va sa vie... Prenant le métro une heure plus tard, réitération du caca nerveux :

1. Un Français de Pointe-à-Pitre conduit le métro (constat affligeant).

2. « Bientôt il n'y aura plus que des Noirs dans la fonction publique » (amalgame).

3. « Depuis qu'on a lâché les colonies, ils nous infligent des quotas à l'américaine » (laxisme + complot).

4. Issue apocalyptique au choix...

Le tire-au-cul cynique

Trop jeune pour partir à la retraite, trop vieux pour opérer une reconversion professionnelle, le tire-au-cul n'a qu'une ambition : lubrifier la grande mécanique du temps pour ne pas finir broyé dans ses engrenages.

Il ne place pas au centre de ses occupations le travail, récompensé de temps à autre par des vacances ; mais inversement, les vacances comme activité principale, punies ici ou là par du travail qu'il gère systématiquement en jouant la montre.

De séances vidéo à l'efficacité douteuse en visites de musées bidon qui bouffent une journée complète, il « tire » son année comme un prisonnier grave son calendrier sur les murs de la cellule.

Lorsqu'il a épuisé tous les artifices pédagogiquement corrects, il lui reste à prendre ses droits. Je ne parle pas des congés payés légaux mais du droit à tomber malade deux ou trois fois par an en plus des vraies grippes non déductibles auxquelles il n'échappe pas, étant fait de chair et de sang. Un lumbago bien placé dans le calendrier aura, si j'ose dire, bon dos pour transformer les ponts en viaducs et le trajet de l'école en chemin des écoliers.

Il ne scanne pas les copies (voir Haro sur les profs), il en fait une lecture subliminale de sorte qu'un élève malin qui glisserait un alinéa incongru recopié à l'identique en début et en fin de devoir le démasquerait, la répétition passant inaperçue. La photocopieuse est rudement mise à contribution pour faire lire des documents ou pour pallier l'absence de cours préparés ; ceci étant dispendieux en temps de présence, cela économe en temps de loisir.

Le seul travail sérieux auquel se livre le tire-au-cul est la gestion de la balance du temps dont le fléau doit toujours pencher vers la zone libre au détriment de la zone occupée. C'est un héros de la résistance.

Une interro écrite qui consomme vingt-cinq minutes n'est justifiée que si elle prend moins de vingt-cinq minutes à corriger. Difficile à réaliser sauf si les copies sont... égarées. Les QCM, corrigeables en quelques secondes chacun, sont très rentables mais longs à préparer en amont. Ça se pèse...

Le meilleur rapport qualité/prix reste de loin l'exposé à faire en classe par les élèves. Aucune préparation, un temps de correction nul par notation immédiate à la fin de l'exposé, c'est la panacée du flemmard masqué. De plus, à raison de deux ou trois exposés maximum par heure, le procédé engloutit, pour une classe de trente élèves, dix à quinze heures TTC renouvelables par tacite reconduction chaque trimestre.

Peu attentif aux « nouvelles dispositions pédagogiques concernant l'angle d'approche des élèves en difficulté », il est d'autant plus d'accord avec le directeur qui les expose qu'il sait qu'il ne les appliquera pas.

Il ne va pas se laisser emmerder par cette énième réforme vorace en temps et en neurones alors qu'il a besoin de ceux-ci et de celui-là pour ne pas louper ses vacances de Pâques. Rompu au discours pédagogique lyophilisé, il n'a qu'à ajouter un peu d'eau chaude lorsque vient son tour de s'exprimer sur le problème. Il lâche alors pour un instant la rubrique « Caravanes » du catalogue de la CAMIF pour intervenir sur commande :

« Rien ne peut remplacer la motivation personnelle de l'élève et, si celle-ci se mesure à l'aune des horizons que propose la société, c'est bien en amont qu'il faut traiter le problème. Si, par ailleurs, la société n'est que la résultante des exigences personnelles qui la façonnent, alors l'amont devient l'aval du problème et le serpent se mord la queue. »

Il aurait pu rajouter : « Et vice versa » mais point

trop n'en faut, une seule cuillère suffit. D'ici à ce que les autres comprennent ce qu'il a voulu dire, il a largement le temps de replonger dans ses caravanes. Les chiens aboient...

Le vieux prof gauchiste (et encore militant)

D'après la datation au carbone 14, il doit avoir une cinquantaine d'années mais, ayant réussi à éviter le scénario éculé qui consiste à être révolté quand on est jeune pour devenir réac quand on est vieux, il a gardé un air de vieux-jeune.

Sa longue expérience politique a été aussi enrichissante du point de vue humain que calamiteuse du point de vue des résultats mais cela ne l'a pas affecté. Il a du gauchisme la même conception que la médecine a des longues maladies sans thérapie possible : un état avec lequel il faut vivre !

Cela fait donc trente ans qu'il cohabite avec les principaux défauts du gauchisme, en particulier l'inefficacité chronique : si plus de douze personnes assistent à sa réunion de quartier, c'est louche ! Soit la plate-forme est démago, soit les lambertistes (secte trotskiste) font de l'entrisme dans son comité d'action. Qu'à cela ne tienne, une bonne scission le moment venu et tout rentrera dans l'ordre !

Il semble incarner cette boutade qui, en son temps, circulait dans les milieux gauchistes sachant pratiquer l'autodérision : « Le théoricien marxiste est celui qui sait expliquer pourquoi les masses sont indifférentes ; le militant ouvrier est celui qui peut mobiliser les masses mais ne sait pas pourquoi ; le gauchiste est celui qui réalise la synthèse des deux : il laisse les masses indifférentes et il ne sait pas pourquoi. »

Autre panneau dans lequel, malgré son ancienneté, il tombe toujours : sa capacité gargantuesque à avaler les couleuvres, soit par discipline, soit par angélisme.

Par discipline, parce qu'il est difficile de penser qu'il y croit lui-même, mais c'est dans le programme, alors il applique.

Par angélisme, quand un pas de plus est franchi dans l'autopersuasion, et qu'il est tellement convaincu de la justesse et de la force de ses idées que, même si tout dans la réalité d'aujourd'hui le contredit, il y croit quand même dans un très long terme, aussi hypothétique que son idéologie est transcendantale.

Par discipline, il expliquera que la dissolution de toutes les forces de répression et leur remplacement par des milices ouvrières d'autodéfense est crédible ; ou que la résorption de la crise capitaliste mondiale sera l'œuvre des commissions exécutives de contrôle ouvrier, réunies en congrès mondial, qui décideront, par exemple, d'aligner les salaires et charges sociales de l'usine Nike de Kuala Lumpur sur celle de San Diego (Californie). L'objectif étant impossible dans les conditions du capitalisme, celui-ci s'effondrera, par parties puis tout entier, pour peu que la grande confrérie des soviets mondiaux fasse aboutir le même genre de revendications, dites de transition, d'un bout à l'autre de la planète.

Par discipline toujours, il ira voir – et recomman-

117

dera alentour – des films d'avant-garde sur « la femme algérienne » ou « la prise de conscience des paysans maliens sur le problème de la réforme agraire ». C'est chiant, c'est mal foutu, c'est primaire mais tellement dans la ligne !

Par angélisme, il affirmera que la capacité de la France à intégrer de nouveaux immigrés est « sans limites » ; par angélisme également, il gobera que le tchador à l'école est l'expression du droit des minorités nationales à résister à l'État fasciste français. À la question de savoir s'il n'a pas le sentiment de se faire entuber par plus malin que lui, il vous resservira le coup désopilant de « la prise de conscience par étapes ». (Le « coup des étapes » me fait penser au paradoxe – apparent – d'Achille et de la tortue : à force de décomposer la distance qui lui reste à parcourir pour la rattraper en autant de sections discrètes infinitésimales, on a bien l'impression qu'il n'y arrivera jamais...)

Quand il n'est pas agressif, le vieux prof gauchiste reste un personnage attachant, malgré tout.

Le prof-copain

Il serait faux de croire que le prof-copain use là d'un artifice nouveau cachant la vieille tactique du paternalisme pour se faire admettre. C'est plutôt qu'il s'admet mal lui-même comme prof et qu'il se plaît à imaginer qu'en faisant encore des conneries, il est encore jeune... car c'est une belle connerie de jouer au copain avec ses élèves !

De plus, les jeunes ne font pas que des conneries, ils font aussi des méchancetés, comme par exemple le laisser s'engluer dans une intimité extrascolaire factice à propos du système de freinage ABS sur les motos allemandes pour terminer par une *kolossale* finesse sur la différence d'âge :

« Heureusement qu'ils n'avaient pas ça en 40 ! Sinon vous seriez encore au stalag ! »

Le prof-copain est un ado mal grandi – ou faux adulte – qui pense conjurer les méfaits de l'âge en les troquant contre les bévues de la jeunesse. Cette immaturité assez masculine – le phénomène de la prof-copine est quasi absent chez les femmes – trouve une application en dehors de l'école dans les virées nocturnes avec les copains de régiment et autres manifestations de la « culture des potes ». Ces solidarités en carton-pâte, généralement scellées par une bonne bagarre suivie d'une bonne cuite chez les plus cons, ont longtemps cimenté les régiments de nos armées coloniales sous l'appellation d'« esprit de corps ». Préférant le premier au second, notre prof-copain est plus avisé : brutalités et gauloiseries lui sont étrangères mais le ressort est le même qui le pousse à faire à quarante ans ce qu'il n'a pas pu accomplir à dix-huit : la quête illusoire d'un âge d'or révolu.

Mais l'école n'est pas le bon lieu, et les élèves pas le bon milieu. Usant d'un vocabulaire d'emprunt qui ne sied pas à sa fonction en dehors de la classe, il devra dare-dare changer de registre quand il revêt la casquette du maître. Ce méchant chassé-croisé le fera prof quand il se veut copain pour lui renvoyer des familiarités à la figure devant le tableau noir. Autant essayer de se regarder de profil dans la glace. Terrible porte-à-faux qu'il paiera cher, pris en tenaille entre la nostalgie du temps dont il rêve et la réalité du reste de son âge. Juste après le proviseur, les élèves ne seront pas les derniers à le lui rappeler.

La prof mystique

À la différence du caractère précédent, celui-ci prend plutôt la forme d'une femme. – Pourquoi ? Mystère... Dans les deux cas, il s'agit d'une échappatoire à la fonction de prof mal vécue. Pour ce faire, la prof mystique ne va pas s'habiller à quarante-cinq ans en égérie punk ou en poupée barbie pour papoter avec les copines, elle prendra plutôt les chemins de Katmandou, du Serengeti ou du Machu Picchu.

Une idée-force l'anime : démontrer que la société occidentale a perverti les esprits et s'évertue à tuer dans l'œuf une force cosmique vitale que seules les philosophies orientales, les peuplades exotiques ou les sociétés tribales ont su conserver. N'ayant pu changer le monde en 68, elle va changer de monde en l'an 2000. Elle pourrait aussi bien s'intéresser aux sorciers du Berry, aux mégalithes de Stonehenge ou à la quête du Graal mais la mystique ne l'intéresse pas à moins de six heures de vol de Paris... Avatar inattendu du tiers-mondisme dont elle est friande.

Le prof tiroir-caisse

Pendant que certains planent dans l'ionosphère en quête de leur karma, d'autres n'ont pas cette patience et préfèrent s'en tenir à ici et maintenant, de préférence les poches pleines grâce aux cours particuliers. Pour cela, ils appliquent une technique éprouvée par les kolkhoziens soviétiques sur les lopins individuels : réaliser quarante pour cent des rentrées d'argent sur deux pour cent des terres cultivables. En l'occurrence, le lopin individuel c'est un élève plutôt faible, et la terre fertile, des parents solvables.

Les profs restent très discrets sur cette activité occulte car ils détestent entacher leur image de marque intellectuelle par de sordides histoires d'argent. Dans les boîtes à bac, les directeurs ferment les yeux car cette manne fait baisser la pression sur les salaires.

À part la gym, le dessin ou l'histoire-géo qui sont peu demandés, certaines matières permettent à ce point d'arrondir les fins de vacances qu'on pourrait, sans rire, les nommer matières grasses.

Le prix des cours particuliers évolue d'un petit cent francs de l'heure pour des étudiants assurant le soutien scolaire, à un tarif qui peut excéder deux cent cinquante francs horaires pour des professeurs agrégés dans des matières plus demandées.

L'épreuve anticipée de français est une bonne occasion d'améliorer l'ordinaire en faisant miroiter quelques points d'avance pour le bac. Les profs de philo n'ont qu'une année, la terminale, pour démontrer que l'acte gratuit n'existe pas. Si la matière est importante pour un bac littéraire, elle reste assez saisonnière.

C'est pourquoi le prof tiroir-caisse est souvent un prof de maths. Sa matière est enseignée dans toutes les classes, de la sixième à la terminale, et apparaît comme un barrage – ou un passeport – pour toutes les filières prestigieuses. Dans les sections scientifiques, c'est une rente : les candidats aux classes préparatoires représentent un vivier inépuisable, et les profs de maths, un point de passage obligé.

Mais attention, le tiroir-caisse est rarement cupide, contrairement aux apparences. D'abord parce que à capacité de travail égale, il aurait plutôt fait pharmacie ; ensuite parce que c'est surtout la modestie de son salaire qui le pousse au vice. C'est souvent une vilaine affaire de pension alimentaire, un goût immodéré pour les voyages – plus présentable qu'une collection de SICAV – ou les interminables vacances avec les enfants qui, catalogue de la CAMIF aidant, précipitent dans le rouge.

Le prof velléitaire et le coup du « retenez-moi »

Conçu pour être la force de dissuasion glaçant d'horreur l'adversaire, le coup du « retenez-moi » se transforme en pétard mouillé tellement il est éventé par les élèves. C'est un pistolet à répétition dont chaque coup fait long feu, un épouvantail sur lequel les moineaux font leur nid.

Chacun a, un jour ou l'autre, assisté à une de ces scènes pittoresques qui égayent nos cours de récréation où deux gaillards en délicatesse s'invectivent, haussent le ton et devraient logiquement en découdre, n'était l'un des deux qui, grognant plus fort avec de plus grandes dents, impressionne suffisamment l'autre pour qu'il renonce à tout assaut non sans avoir sauvé la face à coups de « retenez-moi ». Émouvant ballet qui nous rappelle que l'humanité a peu évolué depuis les grands primates et que notre prof adepte du « retenez-moi ou je fais un malheur » n'a rien appris depuis la cour de récréation.

Mis à bout par les élèves, le prof menace d'utiliser la panoplie répressive. Colles, renvois et devoirs supplémentaires sont brandis comme autant de menaces toujours assorties – c'est là que le bât blesse – d'avertissements généralement qualifiés de derniers. Quand intervient, quelques minutes plus tard, un deuxième « dernier avertissement », le précédent apparaît, du coup, comme au pire l'avant-dernier. Ce jeu de dominos à l'envers, où le suivant fait chuter le précédent, émascule finalement toute menace qui tourne au gag. Les élèves se défient mutuellement d'énerver la prof tellement c'est rigolo. Ils en font la collec', une nouvelle branche de la physique où il s'agit d'étalonner le coefficient de rupture des corps mous.

« Je vais sévir... attention... vous allez le regretter... » : suite de futurs hypothétiques qui laisse les élèves de marbre et pour cause : c'est le seul domaine où ils soient passés maîtres.

À bas les élèves !

Que se passe-t-il dans la tête de ce père Fouettard revu et corrigé par Guignol ? Pourquoi Hiroshima devient Munich, et Cassandre Pinocchio ? Parce qu'il a fait 68 ! L'eusses-tu cru ? Chaque heure de colle est un pas de plus vers les camps, la gégène, Pinochet...

Cela me rappelle une des scènes fortes du western *Le bon, la brute et le truand,* où Clint Eastwood (le bon) se délasse dans un bain quand surgit un affreux, ivre de haine, voulant sa peau, et qui perd un temps fou à lui expliquer pourquoi : « À cause de toi j'ai perdu mon bras droit, j'ai mis dix ans à apprendre à tirer de la main gauche, maintenant je vais te tuer, etc., etc... », temps mis à profit par Clint Eastwood pour saisir discrètement son revolver (il prend son bain avec) et tirer le premier à travers la mousse. Il conclut la scène par ce commentaire lapidaire : « Quand on tire, on tire ; on raconte pas sa vie. »

Le prof-papillon ou random

Un qui raconte sa vie au lieu de faire cours, c'est le prof-papillon. Entre mille choses, il butine l'école ; à se demander comment il en a retrouvé le chemin tant son itinéraire de vie est randomisé au gré des sollicitations. Il a toujours, tel tonton Cristobal revenu de loin, quelques bonnes histoires à raconter qui n'ont qu'un vague rapport avec le programme. Peut-on encore parler de programme tant celui-ci est en pointillé ! Après s'être enquis rapidement de ce qu'ont fait ses remplaçants, il ne sera pas long à raconter sa dernière aventure dans le cadre de la Cité des Sciences : exhumation d'un mammouth congelé intact dans le permafrost sibérien, ou un documentaire free lance sur Cohn-Bendit chez les chasseurs français. Quarante-cinq minutes ne seront pas de trop pour raconter l'histoire de cette bestiole préhistorique (je parle du mammouth), quant à l'autre il le garde pour la bonne bouche, la prochaine fois.

Les élèves sont doublement contents : c'était marrant et il n'y aura jamais d'interro écrite sur le mammouth, « papillon » étant accessoirement prof d'allemand...

Il refait le coup du *Cercle des poètes disparus,* film parfaitement démago que les élèves adorent parce qu'il les caresse dans le sens du poil quand il hérisse celui des profs. Ce film ne prend pas beaucoup de risques avec sa bonne grosse morale : *« Carpe diem »* – profite du jour qui passe – susceptible a priori de rassembler 99 % des avis à bon marché. Combien s'en trouve-t-il, y compris parmi les profs, pour prétendre ne pas vouloir profiter de chaque jour et souhaiter que la vie soit terne ou ennuyeuse ?

Ils sont marrants, les élèves... On ne va pas se mettre à renégocier l'essence même de ce qui constitue l'humanité dès qu'on se heurte à un cadre ou une contrainte au nom d'une salade existentialo-spontanéiste à cent balles ! La question du « pourquoi la vie » est passionnante, mais pas à chaque fois qu'il faut ouvrir son cahier ou fermer sa gueule ! Ou alors, qu'ils la poussent jusqu'au bout de sa logique, cette requête d'inspiration situationniste du bonheur sans entraves : qu'à chaque fois qu'ils ont besoin de changer la roue du scooter, remplacer les piles du portable ou manger une pizza, qu'ils se les fassent livrer gracieusement par « Speed-Poète » en moins de trente minutes sur sa mob rouge... Ils ne sont pas contre les cadres ; ils sont contre les cadres qui les gênent ! Nuance.

De toute façon, les élèves sont les premiers à devenir complètement réacs dès que ça tourne mal. Un mauvais bac blanc et ça ne rate pas : c'est la faute au prof qui ferait mieux de faire cours au lieu de raconter sa vie !

Un autre qui raconte sa vie mais en nettement moins intéressant parce que ce n'est pas le genre « *Carpe diem* » justement, c'est le militaire de carrière encore vert mais déjà à la retraite et recasé par l'Éducation nationale. Je ne sais pas si ça se pratique toujours mais je me souviens d'en avoir subi personnellement quelques-uns.

Pas très compétents dans leur matière, ils étaient prompts à raconter, sur simple demande gentiment formulée, leur parachutage chez les Viets ou leurs campagnes d'Afrique pour la dix-septième fois. On voyait bien que ça leur faisait plaisir et puis ça n'a jamais fait de mal à personne. (Je veux dire : de parler...)

7.

Ruses de guerre

Voyage au pays des peaux de bananes

Les « coups » (voir Leurs tactiques) sont des pro-
cédures standard qu'utilisent les élèves pour se tirer
d'un mauvais pas. « Je-sais », « c'est-pas-ma-faute »,
« yaka », « y-peut-pas-me-blairer » sont les tactiques
employées par les élèves pour mettre en œuvre
cette grande loi de la nature dite « du moindre
effort » ou du « sauve-qui-peut »...

Les profs, également experts en économie des
moyens ont, eux aussi, mis au point des tactiques
appropriées, des réponses standard pour anticiper
ou riposter aux travers souvent très prévisibles des
élèves, des réponses adaptées à des situations de
routine.

À ce jeu du chat et de la souris auquel se livrent
élèves et profs, les premiers essayent constamment
de déstabiliser les seconds : va-t-il répondre à la question ? Va-t-il s'énerver ? Va-t-il bafouiller ? Va-t-il aller
jusqu'au bout ? Reculer ?

La partie est gagnée si le prof reste imperturbable devant les situations les plus inédites, si l'astuce de l'élève qui veut faire le clown est coiffée dans la foulée par un jeu de mots du prof : celui-ci mettra les rieurs de son côté et ramassera la mise d'autant plus brillamment qu'il n'aura pas puni.

Si, dans le même cas de figure, le prof, désarçonné, punit, il gagne dans le court terme, mais perd dans le long terme. Il n'obtiendra jamais que la paix des cimetières. La punition est perçue comme un aveu de faiblesse, aussi sûrement que la canne indique qu'on n'arrive pas à marcher seul. L'autorité se reconnaît à l'économie de répression, pas l'inverse. C'est un art difficile, mais la tâche nous est facilitée par le manque de finesse et d'originalité des élèves. Ils sont nombreux, à l'affût, mais on les voit venir de loin avec leurs grosses provoc' et leur mode de raisonnement depuis longtemps étalonné et répertorié.

Restent les cas d'espèce, les écarts à la moyenne, les coups ponctuels rares et imprévisibles. Il en restera toujours un pour être plus malin, plus vicelard ou plus cultivé ; un soleil d'Austerlitz émergeant de la morne plaine...

Le cas rare se présente toujours de façon identique : à une question, une remarque ou une attitude inattendue succède... le silence. Aussi bien le silence de la classe qui attend la réponse du prof, que le silence du prof qui n'a pas de réponse... Vous avez exactement entre deux et cinq secondes pour trouver quelque chose de vendable qui ne soit pas « Taisez-vous ! », « Deux heures de colle ! », une crise de larmes ou un aboiement quelconque.

Illustration : le coup « hypertechnique »

Je fais un cours sur les infrastructures en Inde ou sur le commerce mondial des matières premières. Au fond de la classe, un récidiviste déjà fiché vice-lard, qui s'en tape totalement, ne prend aucune note mais semble inquiet de ce que je lorgne sur son cahier vide. Pour éviter l'attaque-surprise sur son cahier, il frappe le premier : « M'sieur, quelle est la longueur du réseau ferré en Inde ? » ou bien : « Quelle est la production annuelle de caoutchouc en Malaisie ? », genre hypertechnique...

Autant d'informations dont il se contrefout et qui ne sont pas destinées à accroître son savoir général mais bel et bien à me mettre dans l'embarras au cas, fort probable, où il me viendrait à l'idée de lui demander de me faire voir son cahier. Il pourra alors toujours se rabattre sur le coup du « prof qui peut pas me blairer » et qui, devant son incompé-tence à répondre aux questions qu'on lui pose, choisit la fuite en avant mesquine du flicage. Il est clair qu'on ne peut avoir à l'esprit toutes les don-nées quantitatives, surtout en géo, pas plus qu'un prof de maths ne peut, sur commande, extraire la racine cubique de 7234, même s'il peut, sans pro-blème, expliquer comment on fait pour y arriver.

Entre lui et moi, une intime hostilité. Aucun de nous deux n'est dupe : la question n'est qu'un pré-texte, la réponse n'a pas d'importance, mais si je bafouille, m'énerve ou le punis, c'est lui qui a gagné.

Pourquoi est-il alors si difficile de répondre : « Je ne sais pas » ?

Parce que les rapports civils normaux ne jouent pas, à ce moment-là. L'aveu d'ignorance, qui n'a rien de honteux dans le cas d'une question réellement innocente, prend là une signification tout autre. Dix fois, vingt fois, vous pourrez admettre votre ignorance devant une question sans malveillance, mais ici, on est dans un autre registre. Sa victoire psychologique consistera à démontrer devant tous que je suis facile à déstabiliser. Je me crois très fort alors que je ne le suis pas.

Si, en plus, je viens de passer vingt minutes à leur expliquer qu'ils doivent gommer de leur vocabulaire le coup du « je-sais » (voir Les tactiques) et à sous-entendre : « Moi, je sais ; vous, vous ne savez pas », pour ipso facto avouer que je ne sais pas, ils boiront du petit-lait... Il faut trouver autre chose.

D'abord, ne pas tendre le bâton pour se faire battre. Il faut anticiper, dans le cours, ce qui pourrait être matière à une question piège.

Ne dites pas : « En 1789, le pape d'alors a condamné la Déclaration des droits de l'homme comme impie. » Vous vous exposeriez à la question : « Comment s'appelait le pape d'alors ? » Si vous ne le savez pas, ça va jaser... Remplacez simplement « le pape d'alors » par « l'Église catholique romaine », ça passe comme une lettre à la poste...

Ne dites pas : « Coincés entre leurs maigres salaires et le prix du blé, les sans-culottes se révoltent... » Dans la seconde qui suit, ça fuse de toutes parts : « Combien ils gagnaient, combien ça coûtait ? » Même si vous avez une bribe de réponse en assignats de l'époque, aucune conversion en francs aujourd'hui n'est fiable. D'autant que ce qui intéresse le plus souvent les élèves est de savoir si, oui ou non, les sans-culottes auraient pu se payer une « play-station ». Mieux vaut dire : « La spéculation sur les denrées et la dévaluation de l'assignat poussent les sans-culottes à la révolte. » *Exit* prix et salaires, pour finalement dire la même chose.

Jouer au con

Si « je ne sais pas » n'est pas opportun et si vous n'avez pas su anticiper, il reste « les ruses de guerre ».

La première d'entre elles, vieille comme le monde et simple comme bonjour, est si éprouvée par l'expérience qu'on peut étendre son champ d'application bien au-delà de l'école : jouer au con !

Autre avantage de la méthode : tout le monde sait y jouer ! Qui n'a pas, un jour ou l'autre, joué au con avec un gendarme à propos d'un pneu lisse ou d'un excès de vitesse ; avec un inspecteur du fisc à propos d'un « oubli » ; avec un conjoint soupçonneux à propos d'un emploi du temps confus... Voyage au pays des peaux de bananes...

Un élève demande : « Quelle est la capitale du Niger ? » Panique... Les dixièmes de seconde s'égrènent et vous ne savez pas. (Là, vous avez compris qu'il est hors de question de dire « Je sais, je sais »

et de ne pas donner la réponse – voir Le coup du
« je-sais ».) Balancez-lui : « Lagos » (capitale du
Nigeria), quitte à corriger le lendemain. Si on vous
fait remarquer l'information erronée, c'est là que
vous jouez au con : « Ah, Niger ! J'avais compris
Nigeria... »

Jouer au sourd est une variante de jouer au con.
Vous faites mine de répondre et, suspendant votre
propos, fouillant dans votre cartable, vous impro-
visez :

« J'ai justement apporté un atlas exprès pour
vous le montrer qui contient toutes les capitales du
monde ; vous faites bien de m'y faire penser... mais
où l'ai-je mis ? » Vous prenez l'air préoccupé à propos de cet atlas qui, bien entendu, n'existe pas.
« Ah, oui, en salle des profs ! » et vous vous éclipsez,
non pas pour la salle des profs, mais pour emprunter à la secrétaire son Petit Larousse illustré. Vous
revenez en classe, toujours préoccupé : « Mais où
ai-je mis cet atlas ?... » Et là, pour peaufiner la fourberie, vous attendez qu'on vous repose la question,
sinon ils risquent de flairer l'arnaque, et vous
répondez : « Niamey, bien sûr. »

Si vous êtes à quelques minutes de la sonnerie,
en plus de jouer au con et au sourd, vous jouez la
montre. Vous avez parfaitement entendu la question à laquelle vous n'avez pas le moindre début de
réponse et, comme par hasard, vous vous mettez à
parler fort en regardant toujours ailleurs. Une fois
que ça a sonné, rares sont les élèves qui n'ont pas
été aspirés par la porte...

Toujours jouer au con, version intello : noyer le
poisson.

Il s'agit, avant de répondre à la question elle-même, d'élargir à une question plus générale en amont et de baratiner le temps nécessaire à ce que l'élève oublie sa question. Revenons, pour illustrer mon propos, à ce putain de pape en 1789 dont vous ignorez toujours le nom :

« Plus que le pape, ce sont les rapports entre la Révolution et l'Église catholique qui sont intéressants à analyser, et ce, tout au long de... bla bla bla... » Ou à propos de la production de caoutchouc en Malaisie : « Saviez-vous que ce sont les Anglais qui ont introduit le caoutchouc en Malaisie, provoquant ainsi la ruine de Manaus en Amazonie... bla bla bla... »

À moins d'être bon comédien, jouer au con reste peu glorieux et dangereux.

Le coup du boomerang

Cela consiste à renvoyer la question aux élèves mais avec une surprise à l'intérieur pour leur passer l'envie de recommencer à poser des questions idiotes. Ça commence de la même façon : « Qui était le pape en 1789 ? »

Vous prenez une inspiration comme si vous alliez répondre, puis vous suspendez vos paroles. Une idée pédagogique vous est venue à l'esprit :

« Excellente question ! Mais mieux qu'y répondre, vous allez le chercher vous-même. En classe de seconde, vous devez apprendre à faire une recherche bibliographique. Prenez donc vos cahiers de textes et notez pour demain : liste complète des papes de 1789 à nos jours et n'oubliez pas de citer vos sources. » À ce moment, tous vouent une haine sourde au gros malin qui a posé la question.

La bombe à retardement

Variante du boomerang.

Comme c'est un coup vicieux, mieux vaut ne l'utiliser qu'à l'encontre d'un faux jeton odieux dont la malveillance est avérée. Illustration :

C'était un élève de première. Depuis quelque temps il faisait joujou à me demander la production de pétrole du Venezuela avant 1973 ou le volume de pêche du Pérou, anchois non compris.

Sa stratégie était simple : m'amener, à force de dire « je ne sais pas », à être moins exigeant envers lui. Un jour, j'ai décidé de l'aligner. Je lui ai photocopié une quinzaine de pages remplies uniquement de chiffres et de statistiques économiques. À chaque interro, je lui donnais un sujet à lui, différent des autres : uniquement des chiffres de production à débiter bêtement.

Il a vite compris le principe, non sans tenter une petite résistance en me demandant s'il était normal que les sujets ne fussent pas les mêmes pour tous les élèves. L'occasion pour moi de jouer au con, presque aussi bien que lui, en lui donnant une réponse d'une parfaite mauvaise foi : « C'est une nouvelle méthode pédagogique d'avant-garde : on ajuste l'interro écrite sur les centres d'intérêt manifestés par l'élève. »

Dans le même esprit, déterminé à neutraliser un type qui me pourrissait la classe, je lui rendais ses copies sans aucune annotation, comme si elles n'avaient pas été lues. Comme il s'en étonnait, je lui dis : « Je lis tes copies comme tu écoutes mon cours. » Les ados faux culs ont horreur qu'on fasse comme eux !

Le coup du B-52

Au départ, le B-52 est un bombardier américain, œuvrant en meute, capable de parcourir douze mille kilomètres sans respirer et de déverser des tonnes de bombes sur des superficies latifundiaires, faisant ainsi grimper à vingt mille dollars par tête le Vietnamien mort ; le même qui, de son vivant, se contentait de deux cents dollars par an pour persister à vivre. Cette multiplication par cent du passage de vie à trépas s'est révélée plus démoralisante pour les Américains que pour les Vietnamiens. En réalité, le B-52 n'avait pas été conçu pour être économique mais radical !

Ici, c'est le terme employé pour désigner une mesure d'urgence destinée à éradiquer une fois pour toutes votre cauchemar des jours ouvrables.

Le coup du B-52, qui ne se justifie que pour un malfaisant patenté, est une chirurgie de dernier recours quand toutes les médecines douces ont échoué. Il consiste à renvoyer à un petit choléra une saillie si cinglante qu'il en restera pour longtemps tétanisé à l'idée de recommencer à vous emmerder. Vous vous attirez une durable rancune de sa part mais, la vengeance se mangeant froide, ça laisse au moins des délais.

S'il demande à aller aux toilettes, vous le félicitez de ne plus faire dans sa culotte. S'il joue le clown, vous faites la morale aux autres en leur disant que ce n'est pas gentil de se moquer de leur camarade handicapé. Vous donnez un texte à lire et vous lui demandez s'il a compris. S'il répond : « Non », vous lui dites que ce n'est pas grave : il n'a qu'à colorier les O en rouge et les A en bleu. S'il répond : « Oui », vous dites : « Bon, alors tout le monde a compris »... Attention ! Si, par maladresse, vous humiliez un élève qui ne le mérite pas, vous allez – outre vous sentir très mal – vous attirer à juste titre l'hostilité de tous les autres. Le mieux est encore d'être un très bon prof qui n'a pas besoin de ça.

La politique de la note

Autre sujet chatouilleux : la notation.

Quelques esprits efficaces savent rédiger des devoirs comme on le leur a appris ; ils sont lus et notés en conséquence. Un nombre équivalent de copies vides sont vite gérées. Reste la masse : une petite demi-douzaine d'informations valables noyées dans un salmigondis verbeux amène à 7 ou 8 une copie qui vaut 5.

Pourquoi cela ? Très simple. Il existe une politique de la note dont les raisons sont diverses. Tout d'abord, le prof qui refuse de perdre du temps avec les réclamations et les pinaillages sans fin quand les élèves commencent à fourrer leur nez dans les copies des autres. Trois points de plus pour acheter leur silence. Les élèves qui, par-devers eux, savent bien ce qu'ils valent marchent généralement dans la combine.

Autre plaie pire que les pinaillages sans fin : une visite des parents. Ils sont bien gentils, les parents, mais ils n'ont qu'une vague idée de ce qui se passe en classe, ils se font même parfois franchement balader par leurs enfants. (Voir chapitre suivant.) De plus, un parent dans la salle des profs est à peu près aussi bienvenu qu'un avocat de la Ligue des droits de l'homme dans un commissariat de police.

Les parents sont toujours reçus poliment mais on sait quels raccourcis prendre avec leurs enfants, dans l'intérêt de tous. 5 sur 20 est le seuil psychologique au-dessous duquel le foyer va s'agiter et personne ne sait ce qui peut surgir de cette boîte de Pandore. Certains parents sont corrects et coopératifs ; d'autres, ignorants de la réalité de la classe et surtout de leur propre enfant, viennent mettre le prof en accusation, ce qui est une grave erreur.

De même, au-delà de 12, il faut savoir distribuer les points avec parcimonie. À cela une raison statistique : quatre-vingts pour cent des notes s'échelonnent entre 7 et 12 et personne – surtout pas le directeur du cours privé – n'a envie de voir une hernie à la courbe de Gauss de la répartition des notes qu'il faudra bien expliquer d'une façon ou d'une autre. Cela ne fait que déranger, sans bénéfice aucun.

Plus d'une fois j'ai assisté à des réunions de profs où deux classes, a priori équivalentes, sortaient d'un bac blanc avec trois points de différence en maths par exemple. La seule question était de savoir lequel des deux profs allait ajouter ou enlever trois points à tout le monde, à moins qu'ils ne se mettent d'accord sur un point et demi de part et d'autre. Il m'est même arrivé de voir mes propres notes modifiées d'autorité sans qu'on m'ait demandé mon avis.

À l'instar du journaliste pratiquant l'autocensure, le prof comprend vite – pour des raisons de confort de travail – qu'il n'a pas intérêt à déranger le directeur, lui-même cherchant à ne pas provoquer les parents. Il faut des classes « politiquement correctes ». Sans parler des appréciations sur le livret scolaire, véritable florilège d'euphémismes où « gentil garçon » signifie « simplet », « plein de bonne volonté » veut dire « un peu arriéré », et « capable » plafonne à sept.

Politique de la note également pour des raisons psychologiques.

S'imaginant qu'il vaut 15 une fois pour toutes si, par cas, ça lui arrive, l'élève s'installe dans une situation de rente. S'il a moins, vous ne savez pas noter. Il arrive quelquefois qu'ayant 7 sur 20 au premier devoir, l'élève « refuse » sa note, décrétant qu'il est bon sous prétexte qu'en troisième il n'a jamais eu moins de 12, et qu'il ne voit pas pourquoi cela aurait changé en terminale !

Ne bradez pas non plus vos points : si vous mettez 14 à un élève notoirement fainéant, il ne se gênera pas pour crier sur tous les toits que votre cours ne vaut pas un clou !

D'une façon générale, la politique de la note

joue beaucoup plus souvent dans le sens de la sur-
notation que l'inverse, quoique en pensent les
élèves. Dans les exemples cités plus haut, cela reste
de la petite cuisine. J'ignore si les rectorats émet-
tent des directives précises à ce sujet ; j'ai simplement entendu parler de jury de bac qui, dans certains endroits, n'avaient pas le quota souhaité par
le ministère qui, en retour, leur faisait part de son
« inquiétude »...

À vérifier.

8.

L'intendance et les bases arrière

La visite des parents

La principale différence entre les parents et les professeurs réside en ce que, pour les parents, leur enfant est *tout* le problème tandis que, pour le prof, dans une classe de trente, c'est un trentième du problème.

Cette réduction à la portion congrue doit être momentanément revue à la hausse pour la visite des parents. C'est aussi l'occasion d'un sketch où, dûment cravaté pour avoir la gueule qui va avec, le prof doit faire étalage de toute la duplicité nécessaire pour faire croire aux parents que leur gosse à eux est l'objet d'une attention toute particulière.

C'est enfin un des rares moments où le prof ressent une soudaine, mais éphémère, proximité avec l'élève dans la même hantise du jugement parental. Donc, l'importance de l'élève doit être gonflée au point de se souvenir de son visage, de ses notes, de son style rédactionnel, de ses interventions en classe, etc. Mis à part les stars peuplant la galerie de portraits qu'on n'est pas prêt de confondre ni d'oublier, et la majorité des autres qui laissent quand même des souvenirs, il reste toujours un petit nombre d'élèves dont l'évocation du nom ne correspond ni à un visage ni à une attitude, à rien.

Si vous êtes dans le public et fier de l'être, vous craindrez de donner aux parents une bonne raison de fuir l'anonymat républicain pour se réfugier dans une boîte à bac. Leur forfait accompli, vous ne pourrez décemment pas demander à ces mêmes parents, qui paient dans un cours privé chic quarante mille francs par an sans les faux frais, une photo du gamin pour mettre un visage sur un nom ! Sans parler de l'angoisse du prof quand l'élève inconnu se prénomme Claude, Dominique ou Camille ; pas sûr que ce soit un garçon ou une fille, il faut sévèrement sélectionner d'avance tous les épithètes ou pronoms personnels qui trahiraient le sexe par l'accord en genre. Quand la visite des parents a lieu fin janvier, ça va encore ; mais quand elle a lieu mi-novembre...

Après deux à trois ans d'ancienneté, le prof qui se respecte n'a plus le droit de s'y laisser prendre. D'abord, le trombinoscope – quand il existe – permet dès le début de l'année de mettre un visage sur des noms. À l'approche de la visite des parents, il ne reste qu'à « réviser » les cinq ou six par classe qui ne laissent aucun souvenir. Il n'y a d'ailleurs aucune conclusion à en tirer sur les élèves : chacun a son style et le choix que font certains de la discrétion n'induit en rien un manque d'efficacité, au contraire. C'est une qualité si rare qu'on en serait plutôt reconnaissant à l'élève. De même qu'on ne fait pas la une d'un journal avec des trains qui arrivent à l'heure, il y a peu à dire sur ces quelques élèves qui font, en silence, tout ce qu'il faut faire. Sauf que cela ne convainc pas les parents qui veulent du grain à moudre.

Une fois que les parents sont là, assis, il est déjà trop tard pour jeter un coup d'œil, même furtif, sur le trombinoscope. Les parents n'admettent pas l'anonymat de leur enfant alors qu'en l'occurrence l'absence de célébrité est plutôt bon signe.

Les confusions de personnes se produisent quelquefois mais ce n'est que modérément grave car le discours à l'usage des parents est diplomatique, étalonné, convenu. Il répond à une exigence précise : expédier les parents à peu près au même rythme qu'on corrige les copies de leurs gosses. Le problème est, comme pour les copies, arithmétique.

Sur une centaine de parents (quatre classes), environ soixante-quinze vont venir. Si vous commencez à écouter leur baratin – et Dieu sait combien les histoires de famille sont ramifiées – une demi-heure par parents n'est pas de trop. On dépasse alors trente heures : difficile à caser entre dix-huit et vingt-deux heures.

Certains profs optent pour la qualité : ils prennent tout leur temps pour s'entretenir d'un seul élève attendant que, lassés, les autres partent. Après vingt et une heures, rares sont ceux qui persistent...

L'objectif est de consacrer cinq à six minutes par parents en moyenne, et la technique consiste à ne pas les laisser parler. Une série de formules prêtes à l'emploi vient répondre par avance à leurs attentes ou à leurs angoisses. Voici quelques spécimens d'argumentaires standard.

Si l'élève ne pose pas de problèmes : « Le

142

comportement est exemplaire, les notes à l'image de l'attitude sont satisfaisantes et laissent présager d'une issue favorable au bac. » Parfois, ça marche. Trente secondes ont suffi aux parents qui, contents, se lèvent et partent. Ce n'est pas une tromperie, il n'y a vraiment rien à ajouter sur un élève satisfaisant, mais ça leur paraît trop beau ou trop court pour les impôts qu'ils paient. (A fortiori dans un cours privé.) Il suffit de rajouter une petite remarque personnalisée qui rassure et surtout, surtout, qui ne soit pas prétexte à un rebondissement de l'entretien. C'est pourquoi il faut terminer sur un jugement affirmatif : « Quelques petits bavardages sans malveillance avec le (la) voisin(e) et dont l'absence – pour le coup – serait inquiétante à leur âge. »

Si les résultats sont à peine moyens : « Je ne vois pas de raisons au monde pour que la barre de la moyenne ne soit franchie d'ici la fin de l'année. »

Si les résultats sont franchement mauvais : « Ici, personne n'est laissé au bord du chemin. Quel que soit le résultat de l'année, il est à bonne école. Il aura acquis les réflexes indispensables à un cursus scolaire réussi. »

Ça se gâte quand des parents plus difficiles posent des questions précises : « Comment se fait-il qu'il ait des résultats acceptables alors qu'il ne fiche strictement rien à la maison ? »

Réponse standard en deux temps. D'abord : « Ils sont remarquablement servis par leur mémoire, à leur âge, et c'est vrai qu'ils ont tendance à en profiter. » L'air de dire : le phénomène ne m'a pas échappé. Ensuite, histoire de culpabiliser des parents qui ne souhaitent pas insister sur un aspect qui les gêne : « Vous savez, la maison est le seul endroit où notre contrôle ne s'exerce pas. Quelle que soit notre autorité, elle s'arrête là où commence celle des parents. »

Piège inverse : au dire de ses parents, le gosse travaille comme une bête mais plafonne à 7 sur 20. Pourquoi ?

« Votre enfant est idiot » n'est pas la bonne réponse.

La bonne réponse est : « On ne peut juger les élèves que par rapport à leurs pairs : les autres élèves de la classe. Or (sous-entendu : vous avez une chance formidable) sa classe est justement dynamique et l'émulation en est la valeur cardinale. Dans un échantillon statistique de sa classe d'âge, il vaudrait 10. »

Pour des parents meubles, ça suffit. Pour les durs à cuire il faut en rajouter une couche : « 10 au bac, c'est l'avoir du premier coup sans l'oral, ce qui est réservé à une minorité d'élèves, même dans les meilleurs établissements. Après tout il est ici pour avoir son bac, et une fois qu'il l'aura, personne ne viendra lui chercher des poux dans la tête pour savoir comment il l'a eu. »

Variante adaptée aux classes de secondes (15-17 ans) : « Ils sont à un âge où un trimestre les transforme plus que nous autres plusieurs années. »

On aura compris le principe : dans l'impossibilité d'avoir à l'esprit tous les détails concernant l'élève (alors que les parents ne voient que ça), il faut donner des réponses standard adaptées aux différents cas de figure, en assez petit nombre finalement, sur un ton assuré et ne soulevant aucune question ouverte.

Pour la même question citée plus haut : « Il travaille énormément mais plafonne à 7 », il ne faut jamais répondre : « Ah bon ? Voilà qui est étonnant ! Aurait-il des problèmes personnels ? Un complexe d'échec par rapport à son grand frère ? » Cet intérêt soudain pour le cas particulier vous vaudra une grosse cote mais vous en coûtera une quarantaine de minutes pour vous dépatouiller de la saga familiale dont vous vous fichez complètement, sans parler du début d'émeute chez les autres parents qui attendent leur tour.

Les réunions de parents représentent un excellent entraînement au discours politicien pour ceux que ça intéresse. Pour les autres, c'est un point de passage obligé sur la route des vacances et qu'il vaut mieux avoir derrière soi que devant.

La visite des parents est l'occasion d'établir, comme pour les élèves ou les profs, une typologie dont voici quelques profils marquants.

Les parents-clients

Appliquant à l'éducation une logique de boutiquiers, ils veulent avoir des résultats aussi sûrement qu'ayant acheté une voiture ils veulent qu'elle roule. Cette exigence, fort légitime s'agissant d'un produit manufacturé, devient aléatoire dès que le facteur humain s'en mêle. Commence alors la sarabande en boucle des profs, élèves, parents, directeur où chacun, à coups de « c'est pas moi, c'est l'autre », essaie de faire porter le chapeau de l'échec à son voisin. Comme je l'ai déjà dit, les élèves ne sont nullement pires que les adultes, ils en sont un modèle réduit.

Ce qui est odieux chez les parents-clients, ce n'est pas le réflexe fort humain au demeurant de se décharger d'une responsabilité sur autrui, c'est de penser que seul l'argent a cette vertu de tout pouvoir. Au restaurant, ils rudoient le serveur ; à l'école, ils commandent au prof ! Ils exigent de bonnes notes, chose facile à réaliser, n'était la sanction de l'examen qui reste incorruptible. Cette attitude déteint souvent sur les enfants qui considèrent que la note ne fait que refléter le niveau du prof.

Ce sont souvent des commerçants nouvellement enrichis qui n'ont pas la pudeur de la vieille bourgeoisie industrieuse et protestante ; ni cette hauteur de vue de la bourgeoisie intellectuelle, moins riche mais plus brillante, constituée de magistrats, d'universitaires ou de hauts fonctionnaires. Récemment sortis des classes besogneuses, ils veulent à toute force s'en démarquer. Confondant relations humaines et service de contentieux, ils ne voient le monde qu'à travers le prisme féodal : vassal ou suzerain ? Évoluant entre mépris des premiers et crainte des seconds, ils ne connaissent dans l'éventail des sentiments que ces deux bornes qui élèvent peu l'âme.

Dans le public, cette catégorie apparaît moins, non pas qu'elle ait cessé d'exister, mais parce que son seul moyen de pression, l'argent, est dilué dans l'impôt.

Dans le privé, certains parents sont gratinés. Les

enfants, ayant de qui tenir, sont odieux. Étant « élève de semaine » et devant pour cette raison effacer le tableau ou ramasser les papiers par terre, le fils de commerçant arriviste refusera ce « travail de Portugais » (je cite). Jouant du rapport de force – comme papa – il ne dédaignera pas défier le prof, si ce dernier le menace d'un renvoi, par la délicate attention que voici : « En attendant, c'est moi qui vous fais bouffer. »

Même très vulgaires, les parents en arrivent rarement à ces extrémités. Quoique... Lors d'une visite de parents, j'en ai vu qui, doublés dans la file d'attente, pestaient contre ceux qui étaient passés devant en me prenant à témoin : « Pour qui il se prend ? Moi aussi j'ai craché le pognon. » Très classe...

L'aune de la réussite n'est pas l'argent, c'est l'argent visible. J'ai en mémoire quelques spécimens d'élèves dont un, récompensé par papa d'avoir été viré avant la fin de l'année par un cabriolet rouge à quinze briques, venant garer son joujou devant l'école, l'air faussement détaché... Un péquenot.

Les parents désespérés

Il est des parents qui portent leur enfant comme on porte sa croix.

Qu'ont-ils donc fait à Dieu pour qu'Il leur envoie cette épreuve chaque jour recommencée ? Quel péché originel leur a infligé cet avatar incarné du serpent dont seul le caryotype à vingt-trois paires de chromosomes leur assure qu'il s'agit d'un être humain ? À les entendre, leur maison n'est qu'une vallée de larmes. Des quatre cents coups, pas un ne manque. L'ulcère du papa ne le cède qu'au chagrin de la maman dont la seule consolation est qu'à son âge le ventre n'est plus fécond d'où a surgi la bête immonde.

« Bonjour, je suis monsieur Delmas (nom fictif), le papa de Julien », dit l'homme qui prend place devant moi en déclinant son identité comme on avoue un crime. À ses côtés, une Pietà.

J'en apprends de belles. Julien a volé de l'argent à sa grand-mère, laissé une ardoise de quatre mille cinq cents francs sur un minitel douteux, rossé un camarade de classe pour une histoire de mobylette, proposé de l'ecstasy à sa jeune cousine mais, signe encourageant, il a cessé de battre sa sœur depuis quelques mois.

Je ne peux laisser d'aussi braves gens dans un état pareil et me fait l'avocat du diable en rebondissant sur l'amorce de rédemption citée en dernier. Après tout, il n'a pas encore engrossé sa jeune cousine, que je sache... Je leur rappelle qu'avant d'être un saint François d'Assise fut un soudard, et Malraux un pillard de temple khmer avant d'être ministre de la Culture.

Passons aux notes. Pas si mauvaises, en fin de compte. Le gosse doit être Dr Jekyll en classe et Mr Hyde à la maison car, à moi, il ne pose pas de problèmes particuliers. Au bout d'un quart d'heure je suis lassé d'entendre la mère geindre et le père se répandre des cendres sur la tête, d'autant qu'ils ont dépassé leur quota de temps de parole. La compassion cède la place à la cruauté : ils sont tellement lassants qu'ils n'ont que ce qu'ils méritent ! Et si c'était leur attitude de perpétuelles victimes qui invitait le fiston à la provocation ? Après tout, les adolescents ont quelquefois de curieuses façons de prouver qu'ils existent.

Toutes les trois phrases, la même rengaine : pourquoi fait-il tant souffrir sa mère ? Laquelle répond en écho : après tous les sacrifices qu'a consentis son père. Ouf ! Trente-cinq minutes que ça dure ! Canossa n'est pas gravé sur le fronton de l'école !

Je mets fin à l'entretien en leur promettant d'intervenir dans la mesure où j'ai un quelconque crédit auprès du garçon qui, pour un peu, me paraîtrait plutôt sain. Hormis le minitel et l'ecstasy qui ne sont pas de mon époque, j'ai fait pas mal de bêtises. Quoique je n'aie jamais frappé ma sœur...

Les parents gogos

Les parents gogos sont des parents béats qui sont tombés sur un petit malin.

Assez naïfs pour gober toutes les salades du gosse, ils planent à quelques années-lumière de la réalité de la classe. Pour le reste, je ne sais pas. Ils sont même inquiets :

« Toutes ses heures à travailler, enfermé dans sa chambre. »

Déjà, connaissant l'élève, c'est louche... Je leur demande :

« Il a la télévision dans sa chambre ?

149

– Oui, répondent-ils intrigués, ne voyant pas où je veux en venir. Mais il ne l'allume jamais, on l'entendrait. »

Encore des vieux qui en sont restés au mange-disques Teppaz ! Ils ne savent pas que certaines télés sont équipées de prises types « jack » qui permettent de prendre le son directement dans un casque d'écoute de baladeur. Il suffit de bidouiller une rallonge. Je leur conseille à tout hasard de jeter un coup d'œil pour vérifier qu'il n'y a pas des fils électriques qui se baladent sous le tapis ou un jack à embout multiple quelque part sur le bureau.

Je vois bien qu'ils ont du mal à admettre une telle vilenie de la part de quelqu'un « de très droit », avec qui ils ont passé « un contrat de confiance », et qu'ils connaissent « à fond ». Franchement, je le leur souhaite, mais j'ai un gros doute : cahier pas à jour, 5,5 de moyenne dont un zéro qui correspond à une pompe (que je tais aux parents pour ne pas les peiner). Certes, le cynisme et la suspicion systématiques ne mènent à rien, mais l'angélisme de certains parents est désarmant.

Des termes comme « droiture, confiance, commun accord, très déçu si jamais, etc. » reviennent régulièrement dans leur bouche. Ils aiment se l'entendre dire d'eux-mêmes. Ils sont corrects ; ils ont fait leur part. C'est vrai, ça serait l'idéal...

Une autre catégorie de parents gogos sont ceux qui ont consenti à des dépenses de loisirs sous un prétexte pédagogique fallacieux. Par exemple, une rave party à Londres, tous frais payés, déguisée en stage d'immersion linguistique intensif. Ou encore l'inscription à un club de moto-cross pour pallier des faiblesses en physique, plus précisément en cinématique, plus précisément encore sur le fonctionnement du moteur à deux temps par comparaison avec le moteur quatre temps à soupapes. L'achat du scooter neuf pour gagner du temps de révision entre l'école et la maison : on n'est pas là pour rigoler...

Il arrive aussi que des parents, terrorisés à l'idée de n'avoir pas tout fait et tout tenté pour leurs gosses, cumulent les inscriptions à des leçons particulières fort coûteuses : dessin au fusain, clavecin, stage de sculpture sur bois d'ébène, calligraphie sur parchemin, etc. Si avec ça ils ne deviennent pas artistes, ce ne sera pas faute d'avoir essayé.

Les parents absents

La logique voudrait que le meilleur moyen de ne pas se faire remarquer soit d'être absent. C'est aussi, à l'instar de l'Arlésienne qu'on ne voit jamais mais dont on parle tout le temps, un bon moyen d'acquérir une célébrité inattendue.

L'existence des parents est ignorée jusqu'à leur visite. Les présents restent souvents transparents quand les absents sautent aux yeux. On se rappelle en bloc avoir parlé à des gens sans pouvoir toujours mettre un nom sur des visages, sauf les parents absents qui, pour le coup, laissent une trace... Jugez-en par ce qui suit.

À bas les élèves !

Vous comprenez que quelque chose ne va pas le jour où vous recevez dans votre casier une lettre adressée à un élève de terminale par votre intermédiaire. Bien que postier ne soit pas votre fonction dans l'école ni poste restante la fonction de l'école dans sa vie, vous la lui remettez, pensant que cette voie épistolaire détournée cache quelque liaison coupable, non sans le prévenir de ne pas recommencer.

« C'est ma mère », déclare-t-il avant même d'en avoir vérifié le contenu, vous rassurant du même coup deux fois : ce n'est pas un trafic louche et il n'est pas issu de la génération spontanée – mais cela vous laisse tout de même perplexe... D'habitude ce sont plutôt les enfants qui habitent chez leurs parents ; là, c'est sa mère qui n'habite pas chez lui.

Renseignement pris, son père non plus ! Celui-ci a certes loué pour son fils un studio à Paris mais ne réside pas à la même adresse, étant fort pris ailleurs.

Après enquête, il s'avère qu'une vilaine querelle de couple en séparation explique la lettre de la mère qui, à première vue, a du mal à joindre son fils ou souhaite éviter l'indélicatesse d'un concierge rendu hostile par de substantielles étrennes de papa, avocat d'affaires italien en maraude, le plus souvent aux États-Unis.

De nos jours, si les familles monoparentales ne sont pas encore devenues la règle, elles ont cessé d'être l'exception. Encore reste-t-il généralement l'un des deux pour donner l'illusion d'un foyer.

Dans le cas d'espèce, on peut imaginer la plaque électrique ou le micro-ondes dans la kitchenette escamotable par panneaux coulissants ; la télé

152

36 centimètres sur un petit meuble Ikea face au lit 90-190 à une place... Un compte courant pour tout cordon ombilical entre un fils, RIBé à son père, et un père en rupture de ban.

Ayant blanc-seing pour parapher ses relevés de notes, on imagine mal qu'il se gronde lui-même en signant ses bulletins de colle, mais cette liberté que d'autres lui envieraient doit avoir un goût amer, à en juger par son mutisme. Suite à une série d'absences légales donc, mais pas pour autant légitimes, l'administration entreprend de joindre le père. En vain, car le téléphone parisien sonne à vide quand d'autres numéros, plus longs à composer, ne trouvent au bout des fibres optiques que l'éther sidéral.

Ce genre de *lapsus societae* interroge tout à coup à la cantonade : quelqu'un a-t-il jamais vu le père ? Le monde est-il déjà devenu à ce point virtuel ? Et si un dégât des eaux l'empêche de dormir dans son studio, qu'un dysfonctionnement de carte bancaire le prive momentanément d'argent, qu'il n'a pas de famille à Paris, faudra-t-il lui prévoir un lit de camp dans la salle des profs et une collecte pour l'ordinaire ?

Après tout, c'est avec nous autres, les profs, qu'il passe le plus clair de son temps...

Variante des parents absents, les parents-stars plus concentrés, il est vrai, dans boîtes à bac chic que dans le public mais aussi invisibles aux réunions de parents. J'entends par stars celles du cinéma et du monde du spectacle ainsi que toutes les personnes susceptibles de figurer dans la rubrique « people » des tabloïds à ragots.

Un mot sur les enfants.

Généralement très discrets sur une filiation plus encombrante qu'avantageuse, ils n'en font jamais mention spontanément. Ils semblent anticiper en permanence le reproche qui pourrait leur être fait d'en tirer parti ou d'en usurper le lustre ; aussi se cantonnent-ils dans une sobriété de comportement louable. Ils sont le contraire exact des arrivistes m'as-tu-vu (voir Les parents-clients) qui surexploitent la moindre éclaboussure de gloire qu'eux-mêmes sont bien incapables de mériter. Il faut reconnaître que la tâche sera ardue d'égaler le renom d'un parent comédien mondialement connu, ou les capacités intellectuelles d'un polytechnicien devenu président d'une société nationale...

Autre effet induit de la présence de célébrités dans la classe : éviter les gaffes par allusion à l'actualité. Voulant un jour établir un parallèle avec ce que fut le scandale de Panama à la fin du XIXe siècle, j'étais sur le point d'évoquer la faillite d'une très grande banque nationalisée quand mon regard tomba sur le fils et la fille (j'avais les deux dans la même classe) du président de ladite banque aujourd'hui mis en examen. Il me fallut dare-dare citer un autre exemple mais je ne trouvai alors que des scandales de petit calibre en comparaison.

Idem pour les exemples de corruption et de dictature en Afrique. J'ai dû pendant quelques années soigneusement éviter de nommer tel pays africain francophone à cause des petits-neveux et nièces du dictateur local scolarisés dans l'école. Heureusement, ou plutôt malheureusement, ce ne sont pas les exemples qui manquent en Afrique.

C'est une autre façon d'avoir des parents absents : être contraint de s'en démarquer sous le regard des autres.

9.

Les gaietés de l'escadron

L'exercice déprimant qui consiste à corriger les copies est quelquefois égayé par une perle, hélas dans les mêmes proportions que les pépites dans l'assiette de l'orpailleur par rapport au volume d'eau ausculté.

Avec le temps, ces perles finissent par s'accumuler et faire masse pour peu qu'on les collecte. Au-delà de la surprise causée par ces incongruités, ce sont les ressorts psychologiques les ayant provoquées qui sont intéressants à analyser. Je les ai classées, comme pour le reste, par types, et les ai agrémentées, ici ou là, de commentaires de mon cru. L'humour involontaire des élèves trouve bien souvent son origine dans les jeux de mots ou les confusions phonétiques. Les cheminements de la pensée par lesquels une expression est déformée trahissent la façon de voir, l'entourage culturel ou les habitudes des élèves. Télévision et publicité sont, à elles seules, responsables d'un grand nombre de confusions perlières.

Viennent ensuite les anachronismes flagrants ou les extrêmes libertés prises avec le globe terrestre ou le corps humain. Les distorsions du temps et de l'espace feraient frémir Albert Einstein lui-même.

D'autres encore ne sont pas à proprement parler drôles quant au contenu, mais à cause de leur mise en forme, soit par naïveté, soit par franchise, soit par imagination.

Les jeux de mots et les confusions phonétiques

« ... Le génie de la Renaissance italienne : Mickey l'ange. » Puisqu'on en est à Michel-Ange, en voici une autre qui s'explique facilement par l'emplacement de l'école privée où elle a été pêchée, dans le XVIe arrondissement : « Michel-Ange avait deux frères : Auteuil et Molitor. »

« Comme souvent, le peuple s'en est pris à un bouc et mystère. »

« Les Américains ont perdu la guerre du Nuoc-mam. »

« L'empire space building. » D'où gratte-ciel, sûrement...

« ... Le boa constructor n'est pas vénéneux. » Une créature édifiante, et deux pour le prix d'un...

« Noé et son arche se sont échoués sur le mont Arafat. » Encore un complot sioniste ?

« Le Graal était une sorte de vaase. » Sans légende.

« ... Il fut condamné après un procès en bonnet de forme. » Histoire de lui faire porter le chapeau ?

« ... Le chef-d'œuvre du cinéma japonais : *Kaga-*

mucho. » C'est la version espagnole qui doit être amusante...

« Le marché capitaliste est régulé par la loi du plus fort et de la demande. » Ne pas confondre *Le Capital* et *Le Livre de la jungle*...

« Staline fit déporter la classe des paysans enrichis : les goulags. »

« Jean Moulin fut, lui aussi, victime de la barbie nazie. » Santa Klaus n'amène pas que des poupées...

« ... La beauté est un critère subjectif : d'une culture à l'autre, les menstruations des femmes peuvent varier du tout au tout. » La culture n'a pas de règles...

« La IIIe République fut menacée par le général Patissier. » Il l'a mise dans un sacré pétrin... À propos de ce même général Boulanger (et non Patissier) : « La France fut ébranlée par la crise boulangère. »

« Le calendrier révolutionnaire commence en Primaire. »

« Vendémiaire correspond à la saison des vidanges. »

« ... Dans cette polémique avec Karl Marx, Proudhon résonne autrement. » Façon de faire entendre un autre son de cloche...

« Les Français sont de plus en plus intéressés par leur arbre gynécologique. » Ils ne pensent qu'à ça...

« La première croisade fut conduite par Thierry Lhermitte. » Il est parfois difficile de se faire un prénom... Erreur corrigée dans la perle suivante : « Pierre l'Ermite partit en croisière pour conquérir Jérusalem. » Il ne les aurait pas menés en bateau ?

« Le Tsar a perdu le pouvoir malgré les occases. »

« Jean Jaurès est enterré à l'Odéon. » Il a dû passer par les catacombes...

« Le Vietnam est la capitale du Liban. » Double détente...

« Les escargots sont homosexuels. »

« La génétique arrivera peut-être un jour à clowner les gens. » Pour singer qui ?

« Le Lebensraum, c'est la Terre promise de Hitler. » Difficile cohabitation...

« Un organisme malade est mitochondriaque. » Mytho-man ?

« ... Une seringue épidermique. »

« L'hypopotamus est le siège du système neuro-végétatif. »

« L'oxydant chrétien... » Un point de vue un peu réducteur ?

« Un collectionneur de timbres est un pédophile. »

« Les cerfs étaient taxés sur la gamelle. »

« Louis XVI avait trahi la France. La preuve : il était protégé par des Suisses. » Faut pas prendre l'Helvétie pour des lanternes.

« Les Anglais ont les premiers protégé les droits de l'homme avec l'hévéas corpus. » Dura lex, sed latex...

« La tendance à aller vers le soleil s'appelle l'hélicotropisme. »

« La médecine préventive soigne la maladie en amont ; la médecine curative en avalant. »

« Le cachet de la poste faisant mal au foie. »

« Le gouvernement de Vichy siégeait à Bordeaux. » Histoire de mettre de l'eau dans son vin ?

« Les liquides sont incompréhensibles. » Ils ne sont pas les seuls !

« ... Ramené à Paris, le roi est coiffé d'un bonnet phrygide. » L'ambiance devait être glaciale...

« Le gaz contenu dans les aéroflots détruit la couche d'ozone. »

« En 1934, Citroën révolutionne la construction automobile en sortant la traction à vent. » Pratique pour mettre les voiles...

« Les sacrifices humains étaient courants chez les paztèques. »

« L'éther est un produit très volubile. »

« Le parti des veaux. »

« La Terre rote sur elle-même. »

« ... Ovnibulé par les questions d'argent... »

« Le général de Gaulle fut victime d'un attentat au petit calamar. »

« Une figure de prout du non-alignement. »

« Le coup d'État du 18 brumell. »

« Jean Jaurès, Sartre, Pompidou sortaient de Normale plus. »

« On ne peut pas nationaliser tous les étrangers. »

Il existe également des hybrides, basés sur des confusions ou des jeux de mots involontaires :

« L'Angleterre a résisté seule aux assauts de la luftmarine. » ... Sans parler de la lourde-waffe.

« En 1915, les Allemands coulent le *Lusitanic*. »

« Le 28 juin 1914 à Sarajevo est assassiné Archi-Ferdinand d'Autriche. »

« *Germinator*, d'Émile Zola. » ... Et dans la même veine (de charbon) : « Le général sudiste Bruce Lee », « Lénine et Stallone ».

« L'artisan de l'unité allemande est Otto von Kayser. » L'empereur a déposé bismarck ?

« À la conférence de Versailles, pour les Français : Clemenceau ; pour les Anglais : Boy George. »
... D'où leur position ambiguë sur les réparations allemandes ?

« Samson et Dalida. »

Logique floue, anachronismes et antinomies

« D'après le calendrier hébraïque, on est en 5757 après Jésus-Christ. » Ça paraît toujours plus long quand on attend le messie.

« Les Romains ont crucifié le Christ sans lui laisser le temps d'aller à l'église. » Un sévice après-vente ultra-rapide.

« Le Christ serait né en 4 ou 5 avant Jésus-Christ. » Perle trouvée dans un livre d'histoire (rendons à César...). Les auteurs voulaient évoquer les incertitudes planant sur l'existence du Christ : la seule « preuve » étant la fameuse étoile filante des Rois mages. Les astronomes ont calculé qu'une comète devait être visible de la Terre en 4 ou 5 avant Jésus-Christ, d'où la formulation inattendue...

« Napoléon III était le neveu de son grand-père. » Risque calculé de l'élève qui a forcément bon sur la moitié de la phrase.

« Le chèvre est un fromage fait avec du lait de brebis. » ... Après la transhumance, le transgénique ?

« Roanne est un port sans mer qui va jusqu'à la Loire. » En réalité cette phrase n'est pas totalement fausse, elle est simplement très mal rédigée. La ville de Roanne a longtemps connu une belle activité de batellerie sur des embarcations adaptées à la médiocre navigabilité de la Loire qui, malgré ses hauts-fonds, mène à la mer comme ont l'habitude de le faire les fleuves.

Toujours sur le thème : la géographie est élastique : « Les Allemands nous ont attaqués en traversant les Pyrénées à Grenoble. »

« Le mètre est la dix-millionième partie du quart de méridien terrestre »... Jusque-là, tout va bien, mais l'élève continue, démontrant que le mieux est l'ennemi du bien : « ...pour que ça tombe juste, on a arrondi la Terre... »

Après avoir martyrisé la Terre, on passe aux étoiles : « Le Soleil a cessé de tourner autour de la Terre le jour où on a menacé de le brûler. » Galilée en a eu froid dans le dos...

« L'expédition a traversé l'Antarctique du nord au sud. » Tout point de la côte antarctique étant au nord et le sud étant en plein milieu, ce continent est le seul endroit du monde où aller du nord au sud est le meilleur moyen de ne pas le traverser.

« La force de Coriolis provoque des cyclones dans les lavabos. » Il y avait déjà Ajax, la tornade blanche... La même force de Coriolis sûrement à l'origine de cette autre perle : « La Terre tourne autour du Soleil mais pas dans le même sens selon qu'on se trouve dans l'hémisphère Nord ou l'hémisphère Sud. »

Tour à tour siège de supplices ou d'étonnement, le corps humain n'est pas en reste : « Le cerveau a deux hémisphères, l'un pour surveiller l'autre. »

« Le cerveau a des capacités tellement étonnantes qu'aujourd'hui pratiquement tout le monde en a un. »

« Quand il voit, l'œil ne sait pas ce qu'il voit. Il envoie une photo au cerveau qui lui explique. » Une explication assez juste mais très imagée...

« Toute bactérie a deux doigts : un pour marcher, l'autre pour manger. »

« Les végétaux fixent l'oxygène grâce aux globules verts. » De quoi faire rougir la chlorophylle.

« En 1918, les vainqueurs poussèrent l'Allemagne et la Russie. Dans le trou : la Pologne. »

« La concurrence était tellement âpre qu'il n'y en avait que cinq dans les dix premiers. »

« Tout petit déjà, Magritte était belge. » Un peintre-né.

« Un pilote qui passe le mur du son ne s'en rend pas compte : il n'entend plus rien. » Tant qu'il n'entend pas le son du mur...

« La datation au carbone 14 permet de savoir si quelqu'un est mort à la guerre. » Ne pas confondre avec le carbone 39-45...

« Auguste Blanqui a passé la moitié de sa vie en prison. L'autre moitié, il a habité boulevard Auguste-Blanqui. »

« Un litre d'eau à 20 degrés plus un litre d'eau à 20 degrés égalent deux litres d'eau à 40 degrés. » Pourquoi on s'embête avec le nucléaire ?

« Une année-lumière est le temps mis par la lumière pour parcourir un kilomètre. » Vous pouvez arriver au cinéma en retard, le temps que l'image arrive...

Ayant été involontairement à l'origine de la suivante, je pourrai peut-être en éclairer le processus de formation. Un jour, un élève de quatrième me dit : « Parmentier a inventé la pomme de terre. » Je conteste l'usage du verbe « inventer », tout au plus l'a-t-il découverte car la pomme de terre préexistait à son usage. De même, Christophe Colomb n'a pas inventé mais « découvert » l'Amérique, qui était déjà là avant. Je lui précise qu'on ne peut inventer quelque chose que si cette chose n'existait pas avant, par exemple les frites. On découvre la pomme de terre, ensuite on invente une nouvelle façon de l'accommoder ou de la préparer. Pour être tout à fait clair, je termine en disant : « On ne peut pas manger des frites avant d'avoir la pomme de terre. » Ce qui, à l'interrogation suivante, a donné : « Privé de frites, Parmentier inventa la pomme de terre. » Touche pas à mes frites !

Autre anecdote concernant les messages mal compris. À un élève qui faisait une fixation sur les dates, je répétais sans arrêt que l'histoire n'est pas qu'une simple succession de dates, et que certaines d'entre elles pourraient être ignorées sans que cela modifie la nature des événements. Je le lui répétais tellement qu'il me rendit un devoir sur la Révolution française qui commençait par : « On ne sait toujours pas pourquoi le 14 juillet est tombé justement ce jour-là. » Peut-être que les sans-culottes étaient over-bookés les autres jours ?

« L'homosexualité n'est pas une maladie, mais personne n'aimerait l'attraper. »

« La chèvre et le roseau » de Jean de La Fontaine. Façon de mélanger le chêne et le chou...

« Déjà avant guerre, Mercedes produisait des Volkswagen. »

« Les passagers de première classe ont moins d'accidents que les passagers de seconde classe. » Des transports en commun à deux vitesses...

« Le chauffage au gaz revient moins cher mais disjoncte tout le temps. »

« Castro a pris le pouvoir grâce à une guérilla urbaine dans les campagnes. »

« Depuis Archimède, les bateaux flottent. »

« Les Indiens d'Amérique sont morts de la rougeole. »

Façons de parler

« La Terre tournerait selon un axe passant par les pôles. » À vérifier...

« Les continents dérivent, peinards. » Pourquoi ramer ?

« L'indice de fécondité doit au moins être égal à deux pour assurer le renouvellement des générations parce qu'il faut être deux pour faire un enfant. On peut s'y mettre à trois ou quatre mais deux suffisent. » De la partouze vue comme coefficient de sécurité.

Le point de vue social n'est pas absent des perles. Les enfants répétant souvent sans détour ce que les parents disent de façon ouatée, voici quelques trouvailles révélatrices des discussions à la maison : « Trente personnes travaillent à l'usine, plus les ouvriers... » On se demande ce qu'ils foutent...

Cela me rappelle un bon mot de Winston Churchill, contemplant un jour les pyramides d'Égypte : « C'est là qu'on s'aperçoit que, déjà à cette époque, les ouvriers avaient tendance à en faire de moins en moins ! »

Ou encore : « Les riches bouffent le gâteau ; les pauvres se contentent des miettes... » Tiens ! Un communiste ? Mais il y a une suite : « Plus le gâteau est gros, plus les miettes sont grosses. » Réflexion faite, il s'agit soit d'un libéral tendance sociale, soit d'un socialiste tendance cynique.

« En 2020, il n'y aura plus assez d'argent pour les retraites à cause des vieux qui refusent de mourir. »

En vrac, quelques formulations drôles par naïveté :

« Moïse appela Dieu qui sortit d'un nuage et lui dit : Qu'est-ce que tu veux ? »

« Un prévenu est quelqu'un qu'on a mis au courant. »

« Un ver solitaire est un ver qui vit tout seul, à la campagne. »

« Louis XVI n'a jamais été convaincu par la Révolution. »

« Tous les spermatozoïdes ont un petit fouet, mais seul le plus fort parvient à ses fins. »

« Les ouvriers japonais commencent leur journée de travail en hurlant des slogans comme : japonais un jour, japonais toujours ! » En voilà un qui avait dû réviser sa leçon de géographie chez les scouts...

10.

Y a-t-il une vie après l'école ?

En attendant, l'école est une bonne illustration de ce qu'est la vie en grand. Les caractères décrits vont se comporter envers l'entourage tels qu'ils se sont révélés en classe. Certains traverseront leur vie professionnelle ou privée convaincus que « c'est-pas-leur-faute », malgré l'avalanche de déconvenues qui s'abattront sur leur tête.

Au moins, à l'école, quelqu'un est là pour leur faire entendre qu'ils sont aussi les artisans de ce qui leur arrive. La vie en grand est bien plus cruelle : un foyer déserté ou un licenciement surviennent quelquefois comme un coup de tonnerre dans un ciel calme, offrant l'occasion de devenir intelligent en catastrophe.

Le café, le bureau, l'atelier ou la réception mondaine sont autant d'occasions d'épingler des caractères déjà rencontrés à l'école. Tout au plus sont-ils patinés par l'existence, mais qu'ont-ils vraiment appris depuis les bancs de l'école ? Ne sommes-nous pas entourés de ces spécialistes sportifs qui rejouent le match après l'avoir vu à la télé pour le gagner à chaque fois : « Il aurait dû... y avait qu'à... moi à sa place... » Tous les coups y sont...

Même chose avec les stratèges de salon qui gagnent toutes les guerres, les décideurs en pantoufles qui, si on les écoutait... Sans parler des politologues touchés par la grâce des solutions évidentes... pédants cheap devenus grands ! Mais pourquoi écouter quelqu'un dont le seul niveau de décision dans la journée est la couleur de sa cravate, et la seule portée de ses choix lui-même ou son entourage proche ?

L'école ne serait-elle pas ce grand champ de manœuvres, avec des balles à blanc et des grenades à plâtre, qui permet ensuite de se situer au milieu de l'entrelacs des hiérarchies et de prendre la mesure des rapports de pouvoir à l'intérieur de la société, mais qui ne fait l'objet d'aucune matière et n'est sanctionné par aucune interrogation ?

Et vingt ans après, que sont-ils devenus ? Ceux-là mêmes qui sont si prompts à faire la leçon aux jeunes – moi le premier – sont-ils si différents de la galerie de portraits qui peuplent l'école ? Pas tant que cela ! Ils ont sûrement perdu quelques cheveux ou pris du ventre mais n'en sont pas pour autant excusables, au contraire...

Par exemple, je vois assez bien Queue-de-cheval tenir un magasin de cosmétiques : soins du corps et du visage, UV, etc. Ce genre d'officine, immodestement autoproclamé institut, colle à la peau du personnage pour qui l'enveloppe extérieure prime sur tout le reste, quand il reste quelque chose. Bien conservée pour ses quarante piges, elle trône au milieu des aérosols, la fesse alerte et la queue-de-cheval coiffant toujours le tiroir-caisse qu'elle a entre les deux oreilles. Après quelques compliments calculés sur des rides à peine visibles ou un hâle avantageux, elle n'omettra pas de glisser son couplet poujadiste tourné cette fois contre le fisc : « Dès qu'on a trois sous, "ils" nous piquent tout, on ne peut plus rien avoir... » Avoir plutôt qu'être, confirme-t-elle, en montant dans la BMW de son mari assureur franchisé AXA, après avoir fermé boutique.

Le faux jeton odieux doit exercer un métier sympa, du genre huissier, syndic de copropriété-administrateur de biens, à moins qu'il ne sévisse dans le département contentieux de quelque organisme financier. Sa contribution au bien commun consiste à envoyer à des gens normaux des courriers recommandés avec accusé de réception de mise en demeure de recouvrement assortie de menaces de poursuites judiciaires le cachet de la poste faisant foi, exploitant ainsi à des fins privées la peur du pauvre devant l'État gendarme. Après avoir passé sa vie à ne concevoir les rapports avec autrui qu'à travers des clauses, des alinéas suspensifs, des poursuites, des avocats, des saisies, bref, des rapports de force dont le seul enjeu est l'argent, comment voulez-vous qu'un tel cloporte se laisse aller à la générosité de la parole donnée, lui qui ne risque que du verbe contracté ? C'est peut-être pour ça qu'il ne parle pas beaucoup.

Le dilettante doué pourra être imprésario, gérant d'une galerie d'art ou antiquaire. Il gagnera de l'argent en flairant le talent des autres, voire en gagnera encore plus en ajoutant aux talents du tra-

169

vail la plus-value du temps... Rappelez-vous son rapport au temps : grande résistance à l'inaction, quête de délais plutôt que d'une solution. Il fait confiance au temps ; celui-ci finira bien par le lui rendre.

Le diesel a finalement obtenu son bac aux forceps mais laissé à d'autres le soin d'effectuer un cursus universitaire. Il aura plutôt opté pour une activité privilégiant le sensible au rationnel comme artisan en vitraux, potier-céramiste ou facteur d'orgue. Toujours peu économe de ses moyens, il va travailler beaucoup pour gagner chichement. Contrairement à son ex-camarade de classe devenue chef-poudreuse-bronzeuse, il laissera l'URSSAF faire ce qu'elle a à faire pour se consacrer tout entier à une tâche correctement équilibrée entre le savoir et le faire.

Il appréciera l'œuvre méticuleuse et patiente qui consiste à trier sans fin des morceaux de verre selon les formes et les couleurs ; ne se lassera pas d'ajuster la longueur des pipes de l'instrument pour en étalonner les octaves ; passera de longs moments à contempler un travail bien fait au milieu d'outils dont le surnombre trahit l'extrême division des fonctions de chacun, disposés de sorte que, d'un seul coup d'œil, il les voie tous, d'un seul coup de patte il les saisisse. Cet ouvrier synoptique a un esprit qui ne veut concevoir plus que son champ de vision ne peut embrasser.

Le pédant cheap va sans doute s'essayer au journalisme sans jamais devenir une signature. Son goût de la jactance le ramènera à l'école où – devenu prof à son tour – il pourra donner de la phrase sans qu'on le prive du dernier mot. Il sera au lycée ce qu'André Cayatte est au cinéma, sans se rendre compte que ses élèves font de lui ce dont Claude Zidi fait des films. Spécialisé dans les grands dilemmes qui donnent au trivial sa dimension dramatique, sa profondeur de champ se limitera à la hauteur de son estrade qui, en contre-plongée, paraît d'autant plus haute.

Le dir com fera sûrement de la politique dans n'importe quel parti à condition de ne pas en prendre. Convictions élastiques, dents blanches et haleine fraîche lui ouvriront quelques portes ; réseautage et noyautage feront le reste pour accéder au pouvoir d'influer. Percevant autrui uniquement sous l'angle instrumental au service de sa carrière, il finira peut-être par perdre de vue l'objectif final – sa carrière – quand les moyens deviendront un but en soi. Son naturel charmeur l'amènera sûrement à quelques succès dans la vie en général même si, démasqué, il devait arrêter la politique. Je ne suis pas inquiet pour lui.

Et Hamster jovial ! Qu'est-ce qu'on fera de lui quand il sera grand ? Pilote de Canadair ? Archéologue ? Permanent à Médecin sans frontières ? Capitaine des pompiers ? À moins qu'ayant été envoûté par une magnifique Israélienne rencontrée à l'auberge de jeunesse d'Amsterdam, il ne l'ait suivie dans son kibboutz du Néguev pour se consacrer, libéré de toute contrainte d'argent, à ce qui pousse dans le désert : oranges, coton, enfants... entouré de l'affection des siens.

171

Quant au bouc émissaire, il pourra tout faire à condition d'en pâtir...

Il n'y a que le rappeur inepte que je n'imagine dans aucun scénario. Il a tellement théorisé la nullité... Peut-être agent de sécurité dans les sous-sols d'une tour de la Défense ? Avec un pit-bull et un Walkman... Des néons pour tout soleil et des emplacements « réservés à la direction » matérialisés au sol pour tout repère social, il passera ses longues nuits de veille avec son modèle Joey Starr dans les oreilles à vomir sur « ceux qui lui ont fait tant de mal ».

11.

À quoi tout cela sert-il ?

Les ministres de l'Éducation nationale passent, les manifs restent.

Aux mouvements révolutionnaires a succédé la volonté d'aménager l'ordre existant des choses. On ne compte plus les projets de réformes qui ont médiocrement abouti ou pas du tout.

Quant aux revendications, elles évoluent du très vague ras-le-bol dont on ne sait pas très bien ce qui pourrait y remédier à des demandes extrêmement circonscrites pour valider les examens de DUT 2e année de Rennes annulés à cause d'une boulette informatique au rectorat.

Une constante semble émerger des luttes scolaires ces quinze dernières années : la volonté d'acquérir des diplômes qui vaudront quelque chose sur le marché du travail quand la masse de la population diplômée au chômage ne cesse de croître.

À *bas les élèves !*

Le bac

Cette tendance trouve son origine dans la double fonction du baccalauréat aujourd'hui : à la fois certificat de fin d'études secondaires et ticket d'entrée à l'université. C'est une fâcheuse ambiguïté car, si l'aspiration de la société est d'amener le maximum de gens à un niveau d'études les rendant aptes à s'insérer dans la vie active, cette même société peut difficilement s'accommoder d'une population universitaire pléthorique, à qui on distribue en surnombre des diplômes par définition inutiles sur le marché du travail, sauf à imaginer une armée comptant plus de généraux que de soldats ; une économie comptant plus de décideurs que d'exécutants ; ou une médecine comptant plus de médecins que de patients.

L'université pourrait simplement être l'outil servant à élever le niveau d'éducation moyen de l'ensemble de la société sans corrélation obligatoire avec le marché, mais ça va mieux en le disant, et il faudrait alors lever l'ambiguïté sur le bac et dire clairement aux gens qui le passent à quoi il leur servira.

Tant qu'il s'agissait de faire travailler des enfants dans les mines, la société ne se souciait pas de les éduquer. À la fin du XIXe siècle, sous l'action conjuguée du développement technique industriel et de la volonté de la IIIe République de soustraire le

174

peuple à l'abrutissement, on a amené toute une classe d'âge au certificat d'études primaires parce que cela répondait aux besoins de la période. Savoir lire, écrire, compter étaient alors un aboutissement nécessaire pour entrer à l'usine ou au magasin et largement suffisant pour mourir à Verdun. (La première génération scolarisée par Jules Ferry à la communale fut celle qui avait juste l'âge de faire la guerre de 14-18.)

La société moderne de la fin du XXᵉ siècle est plus exigeante et le niveau de terminale y est adapté. Le bac en poche, on sait lire, écrire, compter, plus quelques repères et informations nécessaires pour ne pas être complètement désarmé devant l'existence.

Mais, comme le bac est aussi le premier diplôme universitaire – et pas seulement le dernier certificat scolaire – on peut opter pour toutes les filières universitaires de son choix. Toutes, vraiment ? Non, bien sûr !

Dans toutes celles qui ne vous donnent aucune garantie de ne pas être chômeur – philo, socio, psycho, lettres, histoire-géo, etc. – vous pouvez aller très loin dans le cursus universitaire et cumuler les plus hauts diplômes sans assurance du lendemain. On les obtiendrait à l'ancienneté que ça ne changerait pas grand-chose.

Pour les filières concrètement monnayables sur le marché, la sélection s'effectue soit par numerus clausus, soit par concours, soit entre bac + 2 et bac + 4 après des classes préparatoires assorties de concours d'entrée. Tout le monde le sait, pourtant le bac conserve son ambiguïté.

La tradition de la République et le lobby de

l'Éducation nationale sont très puissants : personne n'ose toucher au bac qui doit rester le ticket d'entrée dans l'université au louable motif de la démocratie de l'enseignement et pour éviter, dit-on, la fac à deux vitesses. Celle-ci existe depuis longtemps mais rien n'y fait : on conserve le fossile...

Que se passerait-il si on supprimait le bac officiellement ? Les profs subiraient-ils la même baisse de statut social que les instituteurs naguère ? Marcel Pagnol décrit très bien dans ses Mémoires en quoi monsieur l'instituteur et monsieur le curé étaient au début du siècle les deux autorités morales régnant sur les villages français. Qu'en reste-t-il aujourd'hui ?

Les boîtes à bac y perdraient leur fonds de commerce : qu'auraient-elles d'autre à vendre aux parents qu'une vague attestation de fin d'études secondaires ou, pour les beaux quartiers, un entourage sociologique sélectionné ?

Chaque faculté aurait son propre concours d'entrée et, du même coup, fixerait clairement les objectifs à la sortie ?

Le taux de la population universitaire en France chuterait dramatiquement à un niveau tiers-mondiste ?

Il ne resterait de l'université française qu'un squelette au service des besoins économiques ?

Peut-être que le maintien de l'hypocrisie ambiante reste le meilleur compromis finalement.

En attendant une hypothétique refonte totale du système éducatif, un effort pourrait être entrepris pour décloisonner les disciplines et éviter « le crétinisme de l'expert ». Il est douteux que, pour des raisons techniques d'approfondissement nécessaires dans chaque discipline, l'interdisciplinarité dépasse le stade de l'enseignement primaire, mais il est par ailleurs avéré que les plus fins mathématiciens versent dans l'épistémologie, les meilleurs biologistes se posent des questions d'éthique à l'interface de la science et de la conscience, quand ce ne sont pas des écrivains qui rejoignent les champs de bataille.

Ainsi sont fixées les limites de l'interdisciplinarité : d'un côté, un cloisonnement des disciplines sans lequel l'éducation serait inefficace ; de l'autre, une ouverture des horizons sans laquelle les connaissances seraient stériles.

Les boîtes à bac

Les boîtes à bac sont des cours privés laïques hors contrat. Il existe également des institutions catholiques mais celles-ci sont généralement sous contrat avec l'État, c'est-à-dire que les coûts de scolarité sont notoirement moindres et leurs professeurs assimilés à l'Éducation nationale. Je n'ai jamais très bien compris la guéguerre entre public et privé, s'agissant du privé sous contrat catholique, la République ayant depuis longtemps gagné la bataille en contrôlant la formation des professeurs et la nature des diplômes universitaires nationaux.

L'Église catholique a cessé d'être une menace pour la République : il n'y a rien de tel qu'un curé, de nos jours, pour être de gauche ou, à défaut, humaniste. Certes, il existe une frange conservatrice de l'Église catholique mais elle a appris à composer avec le pouvoir en place (de Rome à Varsovie, à toutes les époques).

Les grandes manifestations du début des années 80, où le privé catholique était spectaculairement monté en première ligne, constituaient davantage l'expression politique d'une droite jugeant usurpée la place de la gauche au pouvoir qu'une défense de la liberté religieuse, parfaitement intacte en France.

Quelle est donc la raison d'être des cours privés laïques hors contrat ?

Ce n'est pas la garantie des résultats, qui vont de bons à archinuls, car cette garantie n'est que statistique. Il est impossible de garantir individuellement le succès au bac. Les écoles affichant des scores de quatre-vingt-cinq pour cent de réussites au bac trient soigneusement leurs élèves inscrits en terminale depuis la seconde ou les inscrivent en candidats libres. Sur un panel indifférencié d'élèves au départ, les meilleures méthodes pédagogiques ne peuvent réaliser de miracles et faire rattraper en quelques mois des lacunes accumulées depuis le primaire.

A contrario, même les écoles se traînant à vingt-cinq pour cent de reçus au bac ont leur raison d'être si elles incorporent au départ des élèves ayant zéro pour cent de chances. Statistiquement, l'école de la République une et indivisible continue de fournir aux plus prestigieuses de nos grandes écoles l'écrasante majorité de ses diplômés.

Ce ne sont pas non plus les méthodes, des plus

strictes aux plus laxistes, car la causalité entre ces méthodes et les résultats n'est pas démontrée.

Qu'est-ce qui pousse des parents, même aisés, à dépenser entre trente et quarante mille francs par an pour un service que la République offre gratuitement à tous ses enfants ?

Le sacrifice consenti n'est pas mince ! De la seconde à la terminale, un bac (non garanti) peut coûter jusqu'à cent vingt mille francs. Dans le cas, pas si rare, de deux enfants d'une même famille avec un redoublement en cours de route, on dépasse facilement trois cent mille francs ! Et ils n'ont encore rien mangé ni bu.

Certains parents n'accordant de la valeur qu'à ce qu'ils ont payé s'imaginent que l'école gratuite ne vaut rien. D'abord, l'école publique n'est pas « gratuite », on la paie d'une façon ou d'une autre. Ensuite, dans le public comme dans le privé, on voit de tout. Pour le reste, profs et programmes sont les mêmes.

L'argument, technique, selon lequel les parents, occupés à des affaires importantes, ou séparés, n'ont pas le temps de s'occuper de leurs enfants et sont prêts à payer pour leur défection, joue souvent.

Une deuxième raison est territoriale, si j'ose dire.

Voulant échapper à un établissement public de mauvaise réputation et n'ayant aucune domiciliation de complaisance pour inscrire leur enfant à Henri-IV ou à Janson-de-Sailly, il reste les cours privés aux adresses présentables et aux tarifs encore accessibles, sans parler des élèves inscolarisables ailleurs.

Une autre raison, aussi pressante qu'inavouée, joue enfin très fort dans les beaux quartiers d'Auteuil-Neuilly-Passy. Elle est politique, au sens large.

J'ai longtemps travaillé dans ces quartiers, l'occasion pour moi de découvrir ce microcosme aux frontières invisibles mais bien gardées. On paie fort cher un entourage sociologique excluant les pauvres, les voyous et les allogènes de tous poils.

Depuis que la Révolution a décidé de mêler sujets et ci-devant en une masse indistincte de citoyens, le monde des nantis n'a eu de cesse de se tisser des fils à la patte aussi puissants qu'occultes. Le compromis historique commencé avec La Fayette ou les girondins s'est réalisé sous Louis-Philippe, entre la bourgeoisie et l'aristocratie orléaniste. C'est Adolphe Thiers qui leur a fait avaler la République, à partir du moment où ils ont compris qu'elle pouvait être de droite, et Mitterrand qui leur a démontré que, même de gauche, la République ne les empêcherait pas de péter dans la soie.

La différence entre bourgeois modernistes et bourgeois conservateurs tient en cela que les premiers voient dans ce processus une garantie de la conservation de leur patrimoine – malgré quelques frayeurs et un prix social à payer – tandis que les seconds y craignent, à force d'abandons successifs, une dilapidation dudit patrimoine par abâtardissement des ayants droit, et se cramponnent à leur pré carré.

Le cours privé hors contrat d'Auteuil-Neuilly-Passy est, à la croisée des chemins, la réponse adaptée à ces deux conjectures : suffisamment moderne pour ne pas étouffer ; suffisamment cloisonné pour ne pas se dissoudre. Un Gore-Tex social qui laisse respirer la peau mais maintient la chaleur. Une synthèse de la querelle des anciens et des modernes.

En attendant que la bourgeoisie, à force de se reproduire entre elle dans ses rallyes, ne s'éteigne par consanguinité ou sous le poids de ses hydrocéphales, les cours privés ont encore de belles années devant eux.

Mais peut-on reprocher à quelqu'un d'être né quelque chose, fût-ce riche ?

Conclusion

Et le peuple dans tout cela ? Eh bien le peuple, c'est nous, les quelques millions qui, non contents d'être nés pauvres, ne comptent pas toujours parmi leurs quatre grands-parents que des Français de naissance, ce qui ne les empêche pas, comme le chantait Maurice Chevalier, de « faire d'excellents Français », à condition d'y croire...

Si c'est le cas et que tous jouent le jeu, le creuset républicain continuera de forger ses alliages réputés être plus résistants que les éléments naturels.

La jeune génération qui ne connaît 68 que par ouï-dire ne mesure certainement pas l'ampleur des changements survenus alors et les vit aujourd'hui sans y prêter plus d'attention qu'à la banalité quotidienne. Qu'on le veuille ou non, le temps fige dans le conservatisme les événements passés, fussent-ils révolutionnaires. S'agissant de 68, j'en suis encore à me demander si nous avions tout compris ou rien compris... Il s'en trouve assez dans la réalité d'aujourd'hui pour démontrer l'un et l'autre.

De toute façon, le nouveau siècle appartient à ces

jeunes plus qu'à nous autres ; puissent-ils s'y conduire avec le discernement que confère la mémoire consciente, j'ai nommé le passé bien compris.

Une année est écoulée, une autre commence. Serfati est parti, Delmas est resté, à moins que ce ne soit l'inverse. Qu'importe, les individus passent, les personnages restent.

Profs et élèves sont à nouveaux réunis dans la galerie de portraits, ruses et coups fourbis de part et d'autre pour la veillée d'armes.

J'ai eu des milliers d'élèves et j'ai peine à me souvenir de tous les noms et de tous les visages.

Je me souviens, en revanche, avec une grande précision de tous mes professeurs, à plus de trente ans de distance.

Je frémis, quand j'y pense, à tous mes défauts et à la vivacité des souvenirs qu'ils vont laisser mais ce livre, qui n'épargne guère les professeurs, m'inclut évidemment dans la charrette.

Les mille et une petites injustices que j'ai dû causer sont davantage le fait d'un manque de patience que de la malveillance de ma part.

En repensant à tous mes professeurs, je me dis aujourd'hui que même le plus mauvais était encore très bon pour moi et je veux croire que le jugement de mes élèves sera, avec le temps, le même à mon égard.

Je suis aujourd'hui comptable de ce que j'ai appris de mes maîtres. Dans l'écheveau de ce qui forme un homme, je leur suis redevable, après mes parents, de beaucoup.

Table

Cet ouvrage a été composé
et achevé d'imprimer sur Roto-Page
par l'Imprimerie Floch à Mayenne,
pour les Éditions Albin Michel
en octobre 1999.

N° d'édition : 18675. N° d'impression : 47126.
Dépôt légal : octobre 1999.
Imprimé en France.